U0164243

摩訶毗盧遮那佛

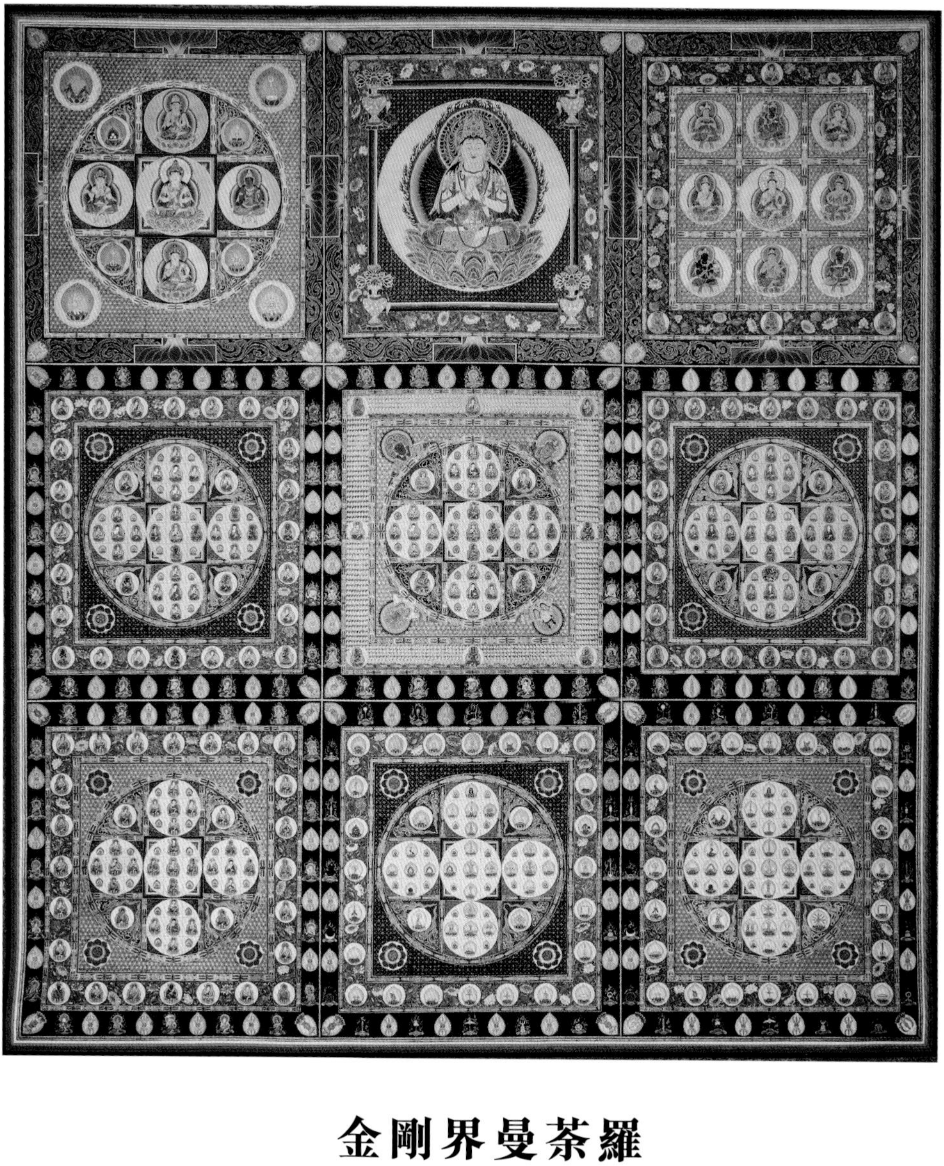

金剛界曼荼羅

胎藏界曼荼羅

日本佛教真言宗高野山派金剛峰寺中院流第五十四世傳法大阿闍梨
中國佛教真言宗五智山光明王寺光明流第一代傳燈大阿闍梨

悟光上師法相

真言宗讀本

教義篇

悟光大阿闍梨略傳

悟光上師又號全妙大師，俗姓鄭，台灣省高雄縣人，生於一九一八年十二月五日。生有異稟：臍帶纏頂如懸念珠；降誕不久即能促膝盤坐若入定狀，其與佛有緣，實慧根夙備者也。

師生於虔敬信仰之家庭。幼學時即聰慧過人，並精於美術工藝。及長，因學宮廟建築設計，繼而鑽研丹道經籍，飽覽道書經典數百卷；又習道家煉丹辟穀、養生靜坐之功。其後，遍歷各地，訪師問道，隨船遠至內地、南洋諸邦，行腳所次，雖習得仙宗秘術，然深覺不足以普化濟世，遂由道皈入佛門。

師初於一九五三年二月，剃度皈依，改習禪學，師力慕高遠，志切宏博，雖閱藏數載，遍訪禪師，尤以為未足。

其後專習藏密，閉關修持於大智山（高雄縣六龜鄉），持咒精進不已，澈悟金剛密教真言，感應良多，嘗感悟得飛蝶應集，瀰空蔽日。深體世事擾攘不安，災禍迭增無已，密教普化救世之時機將屆，遂發心廣宏佛法，以救度眾生。

師於閉關靜閱大正藏密教部之時，知有絕傳於中國（指唐武宗之滅佛）之真言宗，已流佈日本達千餘年，外人多不得傳。（因日人將之視若國寶珍秘，自詡歷來遭逢多次兵禍劫難，仍得屹立富強於世，端賴此法，故絕不輕傳外人）。期間台灣頗多高士欲赴日習法，國外亦有慕道趨求者，皆不得其門或未獲其奧而中輟。師愧感國人未能得道傳法利國福民，而使此久已垂絕之珍秘密法流落異域，殊覺歎惋，故發心親往日本求法，欲得其傳承血脈而歸，遂於一九七一年六月東渡扶桑，逕往真言宗總本山—高野山金剛峰寺。

此山自古即為女禁之地，直至明治維新時始行解禁，然該宗在日本尚屬貴族佛教，非該寺師傳弟子，概不經傳。故師上山求法多次，悉被拒於門外，然師誓願堅定，不得傳承，決不卻步，在此期間，備嘗艱苦，依然修持不輟，時現其琉璃身，受該寺目黑大師之讚賞，並由其協助，始得入寺作旁聽生，因師植基深厚，未幾即准為正式弟子，入於本山門主中院流五十三世傳法宣雄和尚門下。學法期間，修習極其嚴厲，嘗於零下二十度之酷寒，一日修持達十八小時之久。不出一年，修畢一切儀軌，得授「傳法大阿闍梨灌頂」，遂為五十四世傳法人。綜計歷世以來，得此灌頂之外國僧人者，唯師一人矣。

師於一九七二年回台後，遂廣弘佛法，於台南、高雄等地設立道場，傳法佈教，頗收勸善濟世，教化人心之功效。師初習丹道養生，繼修佛門大乘禪密與金剛藏密，今又融入真言東密精髓，益見其佛養之深奧，獨幟一方。一九七八年，因師弘法有功，由大本山金剛峰寺之薦，經日本國家宗教議員大會決議通過，加贈「大僧都」一職，時於台南市舉行布達式，參與人士有各界地方首長，教界耆老，弟子等百餘人，儀式莊嚴崇隆，大眾傳播均相報導。又於一九八三年，再加贈「小僧正」，並賜披紫色衣。

師之為人平易近人，端方可敬，弘法救度，不遺餘力，教法大有興盛之勢。為千秋萬世億兆同胞之福祉，暨匡正世道人心免於危亡之劫難，於高雄縣內門鄉永興村興建真言宗大本山根本道場，作為弘法基地及觀光聖地。師於開山期間，為弘法利生亦奔走各地，先後又於台北、香港二地分別設立了「光明王寺台北分院」、「光明王寺香港分院」。師自東瀛得法以來，重興密法、創設道場、設立規矩、著書立說、教育弟子等無不兼備。

師之承法直系真言宗中院流五十四世傳法。著有《上帝的選舉》、《禪的講話》等廿多部作品行世。佛教真言宗失傳於中國一千餘年後，大法重返吾國，此功此德，師之力也。

目錄

前言

前言

凡例

一、本書是具體的而解明真言宗之教義者、於宗史篇、實修篇之姊妹篇。

二、古來解說真言宗教義之書決是不少，但或謂過於抽象遊離於現前之事實，或單為名目之解釋上而止，其內容非常貧弱為多，本書亦非自稱能以補其缺陷之完璧物，以何等的意義下擬將本書為適合現代人之思想資糧的念願而作。

三、本書以平易為主旨上雖避了序說、本論、教理論、教判論的抽象本論分類，但以內容上見之初之二章即是序說，第三章即已是本論，其於本論中次第已有敘說其真言教學之特質的本覺法門之立場之果、理、教法。

四、本書之敘述內容為助其理解起見附了天註頂批，明其敘述內容之由來，進而可以為深考察研究之資料，其典據書目之卷數，頁數等之記載、其有「大正」者即是《大正新修大藏經》、《大師全集》即是弘法大師全集。今此翻釋即刪之。

五、對本書之編集，特別起稿亦有，又有拙著對其《密教思想與生活》中取材而改刪，即將表題不過去閏新者，還有將原本取來記載者亦不少。

六、臨此對本書之編集，受廣凡的協力與援助，將於此諸賢各位深表感謝之意。

昭和二十二年八月

著者　栂尾祥雲識

第一章　無限的之思慕

第一章 無限的之思慕

人有生之本能，為其延生故需取食物，穿衣著，為避寒暑要住居，為求此衣食住，能夠比較良好美麗的欲念上，而日夜營營東奔西走乃普通一般之常事。

若果滿足此沒有以上之願望者而言，亦無追求無限之宗教心，即宗教之必要亦無之。有位道長云「以此世為我世而思其望月不曾缺者」，即永久都沒有不安或煩惱，那麼更無求宗教之必要了。

但望月亦有晦朔之缺時，人之一時得意或歡樂逾大，反此悲痛或失意、煩惱、不安亦逾大地襲來，此即永久不絕的同時，對此如何來永久脫離之要求亦不絕。

此世間中有富、有權力，且健康，能生合此欣羨的境遇，亦無如何不安苦惱，似乎有見到這樣的人，但其實都不是完全沒有永遠的平安。所謂「三界無安猶火宅」，人類生來此世以上其苦樂程度雖然有差別，沒有不安與苦惱的人是一人都不存在的。

這是何故者，人生來就帶了宿有的不安或苦惱之身體或心的支配種子業力故也。人帶此肉體生來以上，為養其生存非食不可，為此非向生存去競爭不可是自然的，亦不能辭卻弱肉強食，為此而生苦惱。但其肉體常在變化生滅無常故，現在年青元氣十足能夠潑刺活動，須叟而老去，變成紅顏換了白頭翁之煩惱，而今身體健康活生生，但亦不知何時冒了病魔而生苦惱，假使幸運而不犯病魔，但人都不能永遠活在世間，不知何時都會死去，此生老病死之四苦是宇宙之公道平等，無論其人之貴賤，不問其高下，誰都不能免者。

假如其人身體元氣百倍年青潑刺，因其元氣熾盛都會被其切實的五感慾所惱。又會受了種種災厄或不慮之境遇，受愛或被愛之間生離別而不再見，又人生於社會之中生存以上有對自己不合意而敵視者非隱怒忍恨去會遇不可。又如何之欲生意志，為貧窮故雖需自求之最低限度亦購不得之苦惱。

如斯之苦惱或不安是不問古今不論地之東西，誰人都免不得之事，同時都會發生如何才能永久解消而除去之切實要求。但此要求在此有限對立之世界是無法充其滿足的。

對此對立世界是不能將不安排除去求安靜，亦不能排煩惱而求和樂者，若要除了永久之不安或煩惱，最少對於物之看法，想法要一轉之，超克了此之對立，生與死，苦與樂等之對立不可為其所因，非去追求無限絕對之道不可。

求此無限之道即是宗教心也。於佛教此為發心或云發菩提心，即發起菩提心也。

此之菩提即是無限之悟，此悟以身體之依之才能對於一切對立之不安或煩惱中解脫出來。

依其《發菩心論》中之所謂，捨棄有限的對立之劣世界，求對立以上之無限絕對之勝境心為之勝義心云。因為種種對立之一切有情之本質都是對立以上之無限絕對之同一性故，誰都是同根依之生來的枝葉，不過是同一家庭之姊妹兄弟而已。故其迷沉的人們悉皆救濟化度之心生之，其誓願之行心為行願心。又更與其無限絕對之本質而貫宇宙之靈體合一，生拔於永遠之心為三摩地之菩提心，此勝義與行願與三摩地之三種心即是志求無限之道的心姿，此亦即是求宗教之心，亦是為入佛道之門，為味其大師之宗教的鎖鍵者也。

大師之宗教的真言宗之真面目是，即於此對立世界之一事一物，與以生於無限之永遠之處，在此有限之世界的生活中，生拔於無限永遠之人，即謂金剛薩埵，即永遠人也。此即為大師之末徒的我人真言行者之理想體也。

而此真言行者思慕此理想體的金剛薩埵者，恰如戀慕一位清淨無垢的美人一樣，而日夜對此憧境起了慾情的同時，於與觸之、愛之、自負之非於其合一不可。此在《般若理趣經》以欲、觸、愛、慢(自負)之四過程來表現，於其愛人的金剛薩埵合一，生於無限永遠為清淨妙適而以說明。

無論如何若無此生於無限永遠之心者，都無法叩其宗教門，亦無法理解去味得佛與佛之自受法樂之境地的無限絕對之世界為基調的大師之宗教即真言宗之真意。

第二章　二條之行法

第二章 二條之行法

求無限或理想之永生，其有二條路途，其一是以理想放於前方而求之，眺其光明而一步一步進行。他之一是不置理想於前方求之，以自成理想體，成為發光體，去照他之一切，淨化一切者也。

先以理想求於前方遠處之行方一弊之，即以其理想是真而善而是美的同時，認為是完全之物故，此充滿罪惡不完全之現實即被趕離，雖即刻手拉不到之處都具有理想在。

但我們修行終會成佛，其佛逾完全即一朝一夕是無法達成的，要總算或思考都要費了長時間，若非積了無量無數之善根功德後是無法成佛的。

但其長時間之努力與精進而失去自信之人而言，都會生起他力本願思想，即所謂以此不完全的自力是甚麼事都無法成就的，只有靠其大慈大悲之佛之救濟力或云攝取力，才能接近理想體之佛，又能成佛其物，此只不外靠其佛之本願力云者。

以此立場之行法，先信理想體的佛之不思議力，同時以其佛所說之教法為唯一無二之聖權，了解其中垂示之理法依此而積修行其結果而得悟，得成證果者，從而在《心地觀經》等都以教、理、行、證而立其次第，為悟道之行法，步數，更在天台一家等即以依教修行，依行的證理上而言，即謂教、行、理、證。又以佛之他力本願為旨之淨土教，淨土真宗等即依佛教《無量壽經》而口稱念佛之理知之，此之口稱念佛即是為大往生之唯一正行，依此信念而正往生，或證成佛之果，其行法謂：教、行、信、證云。

無論如何都以佛在心外求之，為其教法之所導，依此而理解之，或修行而得證果者，以此理想投影於前方，而被其照其導，一步一步進行的方法，謂外信之法門或云始覺之法門，此乃以信仰對象求於心外世界之法門。為暗昧之普通人依修行而一部一部分地去始覺之向上進取之法門故也。

對此而不求理想於前方，又不求現實以上，依真正地見視現實，認識其現實其物有理想，自己當體其物即是理想體、發光體，以自己之理想之光明，去淨化一切將其美化的行法謂之內信法門共時亦云本覺之法門。此信仰之對象求於心內之世界，同時諦見自己即本來的覺之實體，以濟生利民為自己本來之事業，此向下門之法門故也。

今對此本覺之法門之行法來檢討時，所謂現實的我們之見聞者，只是表面所現之假姿而已，不是真正之實體，其實謂何者，此乃超越一切對立，是絕對的而是無限之圓滿者，恰如太陽而照一切，生一切之光明體，生命體也。此在大師之宗教真言宗即謂大日如來也。

其大日如來為自法樂與對自創造之自己之內容的聖眾，以三世常恆而示現種種姿態，說種種法，展開種種之意樂。此即現實的天地之動態，宇宙之真相，我們因為囚於對立之假相，不知其實相，恰似日出而盲者不見，雷霆震地而聾者不聞。若果開了心眼，澄其心耳，徹其實相時，現見之一事一物都是大日如來之表現，同時自己都是無限絕對之本來佛，為不知自己之實相，而因於有限之世界，於心外求法、自輕之自侮之為自己無可奈何。因此「以我等即凡夫而思者即等以誹謗三世諸佛」而說之。

而此若非自己內省「我即佛也」地徹底自覺，以此悟之光明去淨化心外之一切事物，與於無限化，我等與眾來展開佛之生活不可，此先必須有「我即佛也」之體驗果境的覺醒，同將其悟的境地以如何地附與理論來表現，與他之宗教去比較，徹明其特質之理法，更於其構成理法之教法經典之如何於以了知，同時自知修養是佛之事業而教化他故需要多重修行才成。所以此本覺門之行法謂果、理、教、行次第也。對此事早在鎌倉時代之初期，禪林寺之靜遍，於其《秘宗文義要》內容尋於秘密經論上，其靜遍之付法弟子道範即著有「初心頓覺鈔」，而平易解明其旨趣。

其如本覺門之行法與始覺門之行法其出發點全異，但有相補相扶才成。但真言宗之立場即以本覺門之行法為基本，於此讀本來從本覺門觀見大師之宗教的真言宗是甚麼物。

初之二章是序說，次之六章是示體驗之證果真相「秘密體驗與表現」，以下之六章是其體驗之境地如何舉其教理來表現「真言之特質」，以下之五章是與外之宗教之比較，為明自己之特質之教判論。此等之果境與教理，一括教判之理法示其要領者乃「真言教學之歸結」，其次入於教法經典論「法爾自然之經典」與舉其分流隨緣之經典者乃最後之四章。自他共在社會的成為一體而生活之修行論，即以實修篇而於另卷說之。

第三章　真正之我之發見

第三章 真正之我之發見

言云苦者「我」也，欲離苦者「我」也，要開悟者，要成佛者，要創造和平社會皆是「我」也，其他所有一切都是此「我」為中軸而展開者。不但如此無心的人們即被其「我」所投影的幻像所逐已忘記「我」地活動。

彼之笛卡兒云「我思故我在」而常在閑郤地「發見了『我』」成為近世哲學之出發點，相同地發見真正之我，又是大師之宗教的真言宗之起點者也。

此天地間存在之物，此果然是真正的存在與否，我們「以為有」故其即有，其實是無亦未可知，如何去疑問都可以，但敢言其能疑之「我」的存在無論如何都無法去疑其存在是事實的。當處善無畏三藏云「是一事之真實不虛者有之，我即此也」云。

其不能疑之「我」果然是甚麼東西，此不止是「我思故我在」之理象的之物，要徹底的把握其見聞思考的「我」之本性或云實體才是必要的。

「我」從一面看是能思考之物，心的之存在，同時是覺知其「我」之存在之認識心其物之本體，才是真正「我」之發見，其則佛之悟，即是菩提之立場而言《大日經》

云「如何是菩提者，曰如實知自心也」而說之。

但雖言其自心，其是有此肉體之所以，離此即甚麼思念亦不成立同時若無此肉體之媒介，亦無法將此表現以外，對此上而言，肉體之果為的使命是極其重大者，言心言肉體，不過都是其全一物上之表裏，此身心完全須臾不可分離者也。

其處弘法大師是於《大日經》之「云何是菩提，曰如實知自心」的一語之真意為使徹底起見，以此分為心與身之二而展開，此乃是令其「究竟覺知自心之源底，如實證悟自身之數量之事也」。覺知此自心之源底者，同時要依其悟得宿此心之自身之數與量是甚麼，起初才能達成故也。

我人普通以為此身乃單是五尺左右之肉塊而已，與周圍之其他之物沒有關係，以為完全是獨立一箇之存在物，但於實際此肉身即與包圍在環境之一事一物有莫大之關係，離此一瞬間都無法存在，如我們之呼吸作用來看亦明白，即我人常吐著炭素而碍及包圍中之空氣，其被碍之空氣中吸取了炭素，吐出我人所必要之氧氣，依此使其空氣常在新鮮者。即我人的環境中之樹木，為吸其新鮮空氣中之氧氣我人才能生存的，若果有一瞬間此樹木之間的所成立之相互扶助機能停止，變成無法呼吸，當處我人自身之生存即被奪了。

此不止於呼吸，此之肉身其物以時間的即由祖先父母所賜與，於空間而言即由天地間之一切所惠養。而自身之一舉一動，何一若無周圍所抱卷之環境都無法生存的。

而此身與周圍成為一體地生存，此身當體接與宇宙，天地一切都集約於此身，此天地之森羅萬象即是自身之內容，不外是自身其物故其自身之數是無盡了，其量即與宇宙法界同等，此自身與宇宙法界同等的同時，其內面所形成之自心又是充滿宇宙貫天地無不至之隙者也。

此宇宙法界當體之身心，成為一體而在生存者，即真正之「我」也。

而此善無畏三藏說明此「我即此者，決定我即法界也，我即毘盧遮那也，我即普門之諸身也」等云。此以天地之一切為自己之內容，完全一體而生者即真正之我也，永劫之佛也，是摩訶毘盧遮那故，言體達此大日如來，或真正地生於我，結局是同一之事以異的角度來說明者也。

此大師又云於其「吽字義」中說：「我即法界也。我即法身也，我即大日如來也，我即金剛薩埵也，我即佛也，我即一切菩薩也，我即緣覺也，我即聲聞也，我即大自在天也，乃至一而多也，小而含大」云云。

無論怎樣：「我即是宇宙，即是永劫佛，生拔於永遠之金剛薩埵也」的所謂徹於本覺門之信念，不但自己是佛而周圍卷抱之他之一切物悉皆是佛故，自己以佛之立場應作不恥辱之動作的同時，以佛的身份不得輕賤其他之一切才成。各人各抱有為佛之信念而互相禮拜、供養、扶助，依此而得真正我之內容，以淨化各人之世界而充實之，才能莊嚴此者也。

此不是單的空理空論，乃是祖師先德以身體驗之真實，從而以此為自證或云自內證，或言自覺等語以示之。無論怎樣都表示徹各自之心魂的（Praty • ātman）梵語所譯者，其實無法用普通之言語來說明。此雖是冷煖自知之境地，而以為內心之事實，都須明白地把握之味得之者也。此又謂見諦或云菩提或言三菩提，或者謂成道或成佛，以種種語言來表現，但應注意的是不可被語言所囚，要握其語言中所含之真實相是不可忘記的。

第四章　真正之我的實相

第四章 真正之我的實相

真正之「我」即以天地一切為自己之內容活看，這並非止於漫然之生，是依各各其個體為主場，出發點，暫次伸於外於廣為包圍的環境之中，以全一而生的。以此個體或肉體為基點，為媒介而接於他之一切物，活動一切物的同時，他之一切物又以此個體或通此肉體，才能感傳了其心之奧處所脈動的真正之「我」。

以此為基點，出發點的個體或肉體之有關的感覺是極其敏銳，比起有關之他物都緊而直接的切實的，所以自然對此個體、肉體特別集中關心，從而誤認此肉體是自己或云自我了。以此誤認為基調而區別了自他來主張個我，為保有此個我，肉體我而汲汲為了衣食住行、自思自作、防碍他人而不省，盡為我慾而活動了。

但將「真正之我」之實相來考察時，如此之個我之肉體是無數之細胞所組織一樣，以宇宙之一切為自己之內容地躍動的靈的大生命之「我」都是以無盡無數之一切個體為細胞肢體而予以網羅統制，互相不可須臾離之有機的關係下生於一如的。此即真正之「我」的姿態，同時亦是以其本質形態來說明個與全之關係。我大師譬喻為「雨足」，雨之足雖多並同一水。雖燈光非一但都是冥然同體者云，此個體的無數之雨足無論幾多都相通於一水之生命，各各之燈光如何地無數其照與被照之光明中都冥然相融，各各為一如而生於全一的。

以此個體，肉體為「我」之固執迷妄上，都以此個體，肉體為基本，為根本故，言國家、社會，以為只是此等之個體以機械的之所集合而已，這事實都是不知真正「我」其物的本質的謬見。元來「我」其物是全一者，決不能解剖或分拆之物，此全一的之物為充實自己而生，或分裂成細胞或分出個體，無論如何其物無盡無數，都是為生於全的緣故是不可或忘的。以此為我人之肉體之生起來考察時，如宿在母胎之生命的精子，為充實自己生於完全，都暫次而分裂細胞而統合形成肢體，由此更分裂其細胞或新陳代謝，充實其內容，於此才有肉體之生成，發育，現出其全一之姿。

與其相同，此宇宙之大生命的真我，自己完全而生，為一如之生故分出一切物與以發現生起，豐富自己之內容而充實之，此其物即天地萬有也。森羅萬象之當體故，其內容之一事一物，何無流通著真我的溫血者也。無論何物都有其真我生命之脈動。由此上視之其一切悉有都是生命之實相，是絕對者，是法身大日如來之功德相。要表現此功德相之宇宙神秘，真言宗即以塔婆或制底之形為之。

元來此塔婆或制底之語之成立當初是，舍利（身骨）之收容者為塔婆，無舍利者為制底，此二者之間以前是有明白的區分，但後來就沒有甚麼區分，到了今日都是完全沒有區分了。大概都用於同一意義。此二語都是語源以上，無論如何都含有「積集」或云「聚集」之意義。依此來示其真正「我」之功德聚的宇宙其物之神秘。此即真正之「我」的當體亦即是為一切所有物之本質根源是為照一切生一切的大日如來，同時亦是其大日如來自久遠劫之昔，創造而加創造，以其積疊聚集的過去之輝煌的功德行蹟為基本，更伸展於未來，活現其過去之一切，暫生於未來之永劫，積重聚集所有一切功德行蹟當體故也。

如斯之此塔婆或制底就是全一之靈體的大日如來之象徵也。此即真「我」之宇宙法界標幟故，其《金剛頂經》中「其為標幟之制底，以換個心眼去直見之，其當體即真正自身之姿也。以此去修習金剛不壞之世界為要」云。又《分別聖位經》云「此塔內即是毘盧遮那佛之自己內容的聖眾之集會也。即是其現證所映之宇宙的塔婆也」云。此制底或塔婆亦即是生拔於金剛不壞之世界的大日如來自身之姿，同時其中包容所有一切物乃不外是聖的自己之功德聚的集會而已。

基於此《分別聖位經》等之提撕，我大師是以其《金剛頂經義決》之所謂「有大德開了南天之鐵塔相承了秘密之法門」的傳說，謂映於龍猛菩薩之心眼的宇宙之表現解之。「見其塔內即是法界宮，毘盧遮那之現證的表示之塔婆，三世之諸佛皆住此中」而釋之。

大師模擬此南天鐵塔，於高野山建立此大塔，此為示其心塔開扉之象徵，此為「鐵塔大事」或云「大塔大事」而傳此給與真然大德，爾來於高野山為師資相傳次第，於中院流為正統而至於今天。

第五章　真正之我與矛盾

第五章 真正之我與矛盾

存在於天地之間，所有一切物若果是全一的真正之「我」的「生」，應該是互相親和，相扶相助非生於平和悅樂不可，但實際上一切物都互為矛盾對立，常在相剋，擴展其鬥爭之繪卷不息者何也。

暫以此為動物世界來考察時，地上蠢動之蟲被小鳥捉食，其小鳥又被猛禽抓食為餌，完全食或被食，現出修羅之世界。此以人間社會而言，大師常以慨歎者，如佞人等是各自肚內藏有蜂蠆一樣的惡心之針，表面裝飾了虎皮或豹皮之美，但中傷人，誹謗人為始終，黑白顛倒，織出種種禍端，為爭取自己之利益或榮達，陷他人而不恥，互相嫉視排擠，以鬥爭為能事，嵩而內亂或生戰爭。

謂何如斯之排擠或鬥爭無作不可，其排擠鬥爭是由何而起地存在於此世間，又如何才能克服此，這些問題要從大師之宗教上來學其如何的取扱智慧才成。

思之真正「我」之姿的「生」其物之本質是次而次之以創造進轉而動而作的，離此動與作都無法去認識其物之實相或去把握者也。然在動與作之必要條件是矛盾對立，恰似河水之流動，必需上下高低之對立的必要，亦如人之動作步行，都必須腳之進行與大地之抵抗的矛盾。

總之舉手動足，見物思考，悉皆是「生」其物之活動作為，其常為上下或高低，前後、左右、進退、遲速，見與被見，思與被思，什麼東西都不能離其矛盾對立，即所謂有此矛盾對立之所以故，一切物才能「生」而活現，那麼「生」其物之內容，此天地之所有一切物無一不包藏著此矛盾對立者也。

但一切物雖都具藏著此矛盾對立，亦就限定不能免於嫉視或排擠或鬥爭而招來不安，此是否定的。只將此矛盾對立看怎樣去理解調和而已，依其取扱方法亦會成為善亦會成為惡。從而有此矛盾對立故而嫉視排擠有惱加惱的現象，為此我們必需自己鍊磨，自己昂揚，自己去發展向上才成。此之矛盾對立都包藏於一切之物事中者即所謂含有善惡之二方面而已。

如水亦會浮船載貨運物而助人，又會溺人致死。火雖然會燒家與以災禍，但亦會寒時溫物煖人而煮食物活人。會亡掉自己之敵，即依想法而言，可以看是指導教我不長之處的善知識，世上有掠奪財物的盜賊故可以作我們警戒用心之借鏡。

其所有一切物皆是「生」其物之顯現而常在動作故，敵亦並非永遠是敵，盜賊亦非永劫不變的盜賊，盜賊一旦改心都是善人，今日之敵會成為明天之友亦常有之，世是無常的無一物有固定不變者，當處即有「生」其物之實相與妙味在。

人若對此矛盾對立即是「生」其物之本來之姿的道理而覺醒，不被其囚，予於調御之，包容之，以矛盾對立為矛盾對立而活現之，假使有矛盾對立，亦能當處克服以超越，可以消除矛盾對立所生之種種煩惱或不安。

勿論，克服超越此而言，亦並非滅其矛盾對立之存在，紺碧之空中時有現出一抹之浮雲，若悟了「生」其物之真理生於全一的心上，時而亦有一片之不安或煩惱的出現，但此乃已經判斷了矛盾對立所不被愛執所囚的「無根草」，都是遇一陣風就吹散之浮雲而已，這時之不安與煩惱等等都是已經脫去其基本性能之幻影，不但不能妨碍其悟境，反而會成就其變效用於與莊嚴，令其明朗化，葚柹之葚當體是其甘者，煩惱即菩提也。此矛盾對立之差別當體，以其看法、受法、處理法上，與以生之，此於更新之，以此在一段高次面去包容綜合之。在大師的宗教即云二而不二或云差別即平等云者也。

其《金剛頂經》第十五會《秘密集會經》之梵本云「呈二而之相的一切諸法，其當體即不二也」云。言不二其決非消滅了矛盾對立之二而差別上之不二或云平等。而是將其矛盾對立之差別當體，以看法與受理與處置與以更新，以此為「生」其物之內容而「生」之，以此相持互持而締結為「生」於全一之物去包容，即所謂不二或云平等。（多之全為不二，全之多為而二）此處大師云「多而不異，不異而多」，故云名為一如，一不是一而是一，無數以為一來說示之。

由此見之如是可以明白，言一決不是多所對之一，又非捨多之一。對此多而捨此多之一，還是對立上之一並非真正絕對之一或平等，以無數之對立為當體而許之、伸之、「生」之，以看法，處理法、想法之更新者為之一如或云平等也。如斯以看法、處理法、受取法之上，與以綜合包容之成為一如而言，其矛盾對立是依然存在的，當體所包容故，時而有軋轢或鬥爭、內亂、戰爭都會起的，但對此之矛盾對立為自己之內容而「生」的生活而覺醒其真相，離了各各其對立中之愛執，生於全一者，其鬥爭或壓力亦並非沒有意義的，能越過此鬥爭或壓力去生活而味其理趣，由此起初才能展開了真正之新平安與一如的世界。

主要者為要將此矛盾對立以為自己之內容而生即須對其時之場合，活現（生）當面之境地為肝要，處富貴而有富貴之味，處貧賤有貧賤之意義，乃至，所有一切都有其特有之本質故，要去尋出其特質與意義，與以味之、樂之、盡全力而令其生之，為其包容之處，自然會超越其對立矛盾者也。

第六章　真正我之内容

第六章 真正我之內容

無論如何，有矛盾或對立，而力強者存在以成弱肉強食之世界，才有階級鬥爭之社會，這種觀念是錯誤的。勿論「生」其物是通過個體而顯現者，因為個體其物之有關感覺是極其銳敏而切實，為此所囚故成為愛執之基本，發生排擠他人而嫉視，從而生了種種之軋轢或鬥爭，此並不是「生」其物之本來素質。

「生」其物之本然之姿即是一切所有物互持而被持，關連交涉以一切力之結晶而綜合，依此起初才得生的。人們以為自己之舉手動足完全與其他之一切沒有關係，以自己之獨力來自由動作的想法，但並不如此，亦有父母、祖父，乃至祖先，才有現在之自己，又為養此而有周圍社會所供給的種種物質。縱有祖先傳來之力的結晶，橫有社會百般的綜合之力，始至現前之可能者也。

排擠他、嫉視他，軋轢或鬥爭等事情，即止於自己在於時空中依他之一切的磨擦問題，若果離其全一與他之一切支持都是不成任何事情與生活的。

所有一切物是將被「生」其物之真我的胎內所包容，只依其溫血之脈動的流通而生，同時其全一之真我是又通過各各個個之細胞而擴大充實其內容，次而次地取入新經驗。無論如何地失敗，怎麼損失都是為自己之賢能，豐富自己之資料而已。笑亦好或哭泣、或怨歎、悲哀、或訴或嫉視、排擠、磨擦、鬥爭，無一不是「生」其物之莊嚴者，此以大師之宗教而言即謂「秘密莊嚴」者也。

此特別以此莊嚴稱謂秘密之所以者，只為對立之個體而眩惑，失去看到全一的「生」其物之姿的普通人而言，這些萬紫千紅之為全一之莊嚴實相，是如何地神秘隱密，是無法將此當體直接去理會感得故也。

但普通人之知與不知不問，「生」其物的真正之「我」，都不斷地以一切為自己之內容而莊嚴之，常恆不息地前進邁向於無限的未來故，無論什麼都無法脫此埒內，彼之三千大千世界無論如何廣大無邊，以「生」其物的真正之「我」上是不值一步之超躍者，如何渺茫的江海以此「生」的其物上而言是不值一嘗了。此大師云「三千即行步而隘，江海即一嘗而尠」而宣故也。

真正我之姿的「生」其物乃引具一切，包容一切，生與一切，育之一切，常恆不斷而向永遠之彼方地大行進故，其大行進中遇了種種緣，應境而次繼其次現出新相狀，千變萬化，不知其底止，「生」其物之鴻流確實如河水一樣，過急傾斜之處就變成咬岩之急湍，到了廣闊之處就成了洋洋大河，得窪而成深淵，到斷崖變為龍泉，此即大行進經過的步調，是歷史之足跡。

此觸緣應境的「生」其物即次而接次，顯現種種樣樣來充實內容。此《大日經》云「三無盡莊嚴」云。此以身語意之三方面地考察。其高聳碧空之峯姿，開在野中的一輪花，所有一切森羅萬象之形體，無一不是「生」其物的真正之我之姿。潺潺的水聲，天籟一樣的松濤，其他天地間所有的音聲，無一不是「生」其物之妙音言說。又「大日經」住心品所說之，人之心，河之心，狗之心，貓之心、鼠之心等之六十心即勿論，宿於天地萬有之一事一物的一切心，無一不是「生」其物之心所展開者。

而將此一切之物以全一的真正之我的內容所生成之真相，與以達觀之，安住於此，大師謂秘密莊嚴住心。「秘密莊嚴住心者即究竟覺知此自心之源底，如實證悟自身之數量也」云。此處云自身，言自心者，都是指「生」其物的真正之我之身心。這真正之我以身體上或精神上來考慮時亦俱是無盡無數的。悟此無盡無數之真正之我之身心的各各個個一切，即是理會秘密莊嚴世界與感得者。故又云「如斯知其身心之究竟亦即是證秘密莊嚴之住處也」而示之。

如斯各各個個之一切物即由全一的真我而生，同時其全一之「生」其物必經各各個個之個體而生的，此處才是至大的妙趣。若果各各個個之一切皆由全一而生，即成為一種宿命觀或陷於決定論者之邪見之誤。若果舉手動足無不靠著外來之力來決定或支配不可者，個個都被其決定任其支配外無法生活，變成身口意之一切動作都是自然之外來力而已，成為使然的運命，沒有以個性的努力之自己發揮的何等餘地。

但此「生」其物的全一都通過個體而生的，通此個體故才能生其全一，所以此個體之使命是極其重大，必需自努力去生其全才成。如此肉體的各各個個之細胞，無處不通著全一之溫血一樣，天地間之所有一切各各個個之一一，都是流著全一的「生」其物之力。其貫宇宙全一之力予以糾合之，集約之，凝縮之者即是各各個個之所謂個體故，言生其個體之全一之力，云個體自生之力，實乃同一之物，決定個體的全一之力當體即是個體自生的自由之力也。

於此天地所有千差萬別之各各個體，依各各之立場以全一之「生」其物為背景，代表其「全」，各各建立自己特殊之世界，若非此無法實現之自性已經形成著，此大師之宗教即所謂「各各自建立，各各守自性」云者也。

而此世界所存在之一事一物，各各建立了各自獨特之世界，無論甚麼類似之物，完全同一之物決定不存在此世界。由其各各異趣之立場以充實莊嚴的使命而生者。

此以草木而言，彼之櫻花或梅花，無論怎樣呈現其美姿而生於其全一，其美即櫻是櫻，梅是梅，限止於各自獨特世界以固持之，決不傷及其他之花的絕對性與犯其美。一色一香都是一人一役，不過生活於各自所課之使命，此之各各別別之使命上來充實莊嚴全一的真我之內容。善無畏三藏等說此謂「秘密莊嚴，不可思議，未曾有」云。

第七章 真我之特性

第七章　真我之特性

真我之姿的「生」其物即包容所有一切物，各各令其生而育之，向常恆不斷的永遠之彼方行進，當處才有永遠性，有價值性，有慈愛性，有創造性，更是其綜合的一如性了。

此以次之真言宗即以特殊之謂，金剛部，寶部，蓮花部，羯磨部與佛部的特性。

思之，「生」其物都常恆地生於現在的，所謂過去未來乃是以此現在為基點的反省分析抽象而已，人以為亦曾住居於過去之感，但此乃思起過去的現在事，思考未來亦即是念未來之現在事，其外什麼都沒有。「生」其物即以此現在持續於永遠者，過去是此現在之足跡，未來不過是現在之予想而已。其「常恆三世之一切時」云者，亦不外意味了超越此反省或分析的「常恆現在」也。

人若以此常恆現在之信念為立腳，由自己的立場去完成自己之使命。為此能將此尊貴之現在之一瞬去充實生活者，於此可以超越生死，徹底得到「拔生之力」。又能歡喜把握「死去之力」。

彼之孔子曾云「朝聞道夕死可矣」。又佛陀云「人生若活及百年，不見得不死之道者、不若見此不滅之道者活一日」都是完全漏此消息者也。不是徒為長生為能，重其量不如重其質的而充實現在之一瞬而生為必要也。此言為永遠但都是結晶於現實之一刹那故也。

此在真言宗為金剛部族世界，亦即所為一切物各具有其絕對性而一刻一刻地生於永遠的説示。

又存在此世間之一事一物，為要完成其所課與之使命由各各自己之立場，以「生」其物為內容而展開生成故，假使未臻到積極的為社會國家構成貢獻，亦為他人之見習，或引起他人的有為作用，或喚起他之注意的有用行為，以何等的意義下，都具有存在此世之意義與價值。

但此雖然持有存在價值是同樣的，可是其價值之表現是種種樣樣不同，同一一輪之花若插在床頭被一切人所欣愛亦有，亦有生於谷間之日蔭下無人訪問者由自然淘汰而散落固有之。其價值亦有被人注目而輝煌者，亦有所謂終於緣下之物，不被何人所見而枯朽者亦不少。

但是人知與不知都是無所為，存在此天地間之所有一切物，都是相依而構成「生」之內容，由此等之細胞或依此等之個體之力地生於全一故，無論什麼細胞，甚麼個體都持有絕對至上之意義與價值地發揮者也。恰如構成一家屋而言，其棟木、支柱、壁土、礎石等等無一可以刪除的須要職務在。此以真言宗為寶部族之世界，云所有一切物都是一樣具有至上之價值地發揮展開其職責之説示也。

更又，以見聞之間，呈現了千差萬樣之觀，此乃是「生」其物為充實自己之內容莊嚴所使，所有一切物都將「生」其物同根而生成發展之枝葉而已故，萬物是本來一如的，一體的。所謂「天地與我為一，萬物與我同根」。

依此萬物一體上，一切之物均貫著「生」其物的生命故，假令一切物分為種種樣樣不在一起，亦會互相牽引而欲相合，於自他之間感到灼熱，此即所謂愛其物的本性也。從而此處之本性其物，即以生命力而貫於天地，無論何物都在其間流通著故，若無制止此，空了已，開了心扉，而以受此，自然其本然的愛之力，流入全身中，任其心而感受此就可以把握此了。

此在真言宗為蓮華部族之世界，其蓮華由泥土生出，不會被其泥土所污一樣，所有一切物不過都是本來清淨本質的同根所生之枝葉，應互為相愛相扶，示其愛其物之實相者也。

總之，「生」其物是常恆不斷地創造，花開鳥鳴，雲飛流水何一不是創造，此乃所有一切之力糾合於個體其物而結晶之，所謂全通於個，次而次之創造新物新形，在此宇宙間無論如何類似之物，都絕對沒有完全同一之物，其處即有其創造之妙機也。

此以時間而言，「生」其物是生於常恆永遠的，其即現在之一刹那收過去之一切，孕未來之一切以全的意義在其一點上而燃燒。當處才有自由，有創造，其刹那象徵永遠之藝術品，才會恍惚與以脱落的自由感。全的而躍動人之生命之所以亦在此。

此個即由全，全通於個，刻刻地生於永遠即是「生」其物之真我姿態，同時於其上實現的行動是悉皆有自由有創造的。此在真言宗為「遊戲神變」或云「金剛舞戲」。此「生」其物之活動是如遊戲，如神通，不被何物所拘束的自由物，同時亦是如金剛之不滅性，於刹那中生於永遠故也。

此又在真言宗稱謂羯磨部族之世界，個即由全，全通於個，此遊戲神變之創造事業，即謂羯磨之展開的説示。

如斯有金剛部，寶部，蓮花部，羯磨部之四世界，亦即永遠與價值與慈愛與創造的四特性，與以綜合統一而全的生於一如者即所謂佛部或云如來部族之世界。此當體即真正之我也，亦即是生於永遠之佛陀也。

第八章 真我之佛陀

第八章　真我之佛陀

佛陀者即所謂覺者，開了覺悟的人誰都是覺者，是佛陀，但以歷史上而言，在印度出現之釋尊為最初開了覺悟故，普陀所謂佛陀即指釋尊。

然是什麼人令釋尊成為覺者或成為佛陀而言，這並非甚麼三十二相或云八十種好等有此相好具足之色相之所賜，此乃釋尊自己去把握體悟了此貫天地的絕妙之法，由其體得之故也。其諸經典中有云「自覺此法而成等正覺」，或云「不得以色身觀佛以正法觀之」云亦可以明白。

而此法乃令釋尊成為佛陀之基本，同時其即佛陀真正之本質者聖體者也。此聖體亦名法身，亦謂法界，假使此色身滅亡，但此法身或云法界是決定不滅。即所謂「如來出世與不出世法界常住」也。此不但使釋尊成佛陀而已，照一切生一切的貫三世常住之法，共時所有一切物都依此為基礎而生成，能夠感得把握此才能真正地得到覺悟與真正的永生，為真正之佛陀去活動。

對其各點見之，言此法身或云法界者，不過是生所有一切，為所有一切之根源的「生」其物而已，此即真正之我也，佛陀之聖體也。

其佛陀之聖體的「生」其物，雖然以所有一切物為自己之內容，生之，育之，但「生」其物即超越一切，完全是「曰難言」的神秘物，恰如指月之指，以月之「生」其物之內容，亦可以用什麼辦法來思議或說明。但如指不能自指一樣，包容一切生一切之「生」其物乃完全超越其思議，只不外是神秘或云絕妙或云不可思議了。

不但如此如所有一切物被太陽之光線與溫熱所養而生成一樣，佛陀之聖體的「生」其物之靈光所照為限，一切物即自生、自哺，自以育成。依此上而言，於真言宗即將此「生」其物之佛陀聖體稱謂大毘盧遮那，即大日如來或云大遍照如來，又謂「常住之世淨妙法身大毘盧遮那如來」也。

此大日如來乃是貫天地的「生」其物之聖體故，以所有一切物為自己內容，為生成莊嚴而示現所有一切之姿，遍滿所有一切，而此「生」其物的大日如來之說明，如大師即「以法界為體，以虛空為佛心」，或又以「身遍塵剎，心等太虛」等語以說示之。

而以所有一切物為自己身心，為自己之內容地生於三世常恆之「生」其物當體即是大日如來故，其大日如來不但刻刻生於永遠，為所有一切物與以發揮至上價值，以聖愛的體現者而不論時方地育成所有一切物並莊嚴之，為此不被何物所因，以自由地創造一切。

無論人知與不知，「生」其物的大日如來都常以永遠與價值與聖愛與創造之四世界為一體一如而生者。此即「生」其物之本來之道也，妙用也。以此「生」其物之本來之道，以自己而體得把握，以此個體為基點去具現此。即是以人間之個人上所課之使命亦云義務也。

要完成此使命之前提者，先以永遠與價值與聖愛與創造為一體，一如而活了「生」其物的佛陀聖體之把握，同時領會了此天地間之所有一切物無一不具此「生」其物之聖體，誰都照其靈光依之而生存者地衷心體悟以感味為要。此於真言宗謂「理具之佛」云。此佛陀之聖體是具在事事物物之中以天理而常在者也。(是一切事物之全部不是一部份)。

而此事物本來具有之「生」其物的佛陀聖體，並非單的真理或云原理之抽象的東西，都是常在潑刺地，照一切生一切之靈體，貫天地互為感應道交之靈性之佛格故，此云「加持之佛」也。此大師云「佛日之影現於眾生之心水為加，行者之心水能感佛日名為持」。如上所說：「生」其物當體之佛陀聖體所放射之靈光，常恆地加被光照各各個個眾生之上故，眾生能夠任持把握，由此就能感應道交，現出不可思議之內證。

依此加持，感應之不可思議境之體驗修養以為背景，更進出行之世界，以行者之個體為基點，去為社會民眾的所有一切服務，來莊嚴充實一切物，非起了此之實動不可。

而不被此個體所囚，以廣大之，伸於外而與周圍之一切物協調，希能生於全一，以「生」其物而體悟佛陀之聖體的妙用於身，刻刻地生於永遠，以所有一切為資料去發揮至上之聖價值，以自為聖愛之體現者，去教化一切，不被何物所囚的自由立場，不絕地創造莊嚴世界而成就，這即「顯得之佛」了。亦即所謂將有限生於無限的「無限人」之金剛薩埵者也。

此以金剛薩埵之手的五股金剛杵為基本而言，上之五股是，永遠、價值、聖愛、創造之四股四義，以中央一股來綜合而糾合其四世界，乃是常恆三世而照一切，生一切的大日如來境地，此即是天道也，自然之大道也，對此相反的下方五股是本來之道的五義，五世界以各各個個之立場的把握去味得生活的人道也。金剛薩埵之境地也。(依理而言上五股為五智，下五股為五蘊，上即悟界，下即迷界，迷悟一體，開為五，合為一)。

然此天道或云人道即不生於自己本分之真實，而以個我為中心，以孤立的，獨存的而自作自為故，才有迷妄人之悲哀的出現。最少為生於真正之我者，應該將以前之看法、感法、思法予於一新，去體認真正之我是何物，應以所有一切物為自己之內容去生此全一不可。如是心眼所照之處，山姿水潺，其他所有一切物何一無非是充實莊嚴自己內容者，一色一香雖都以各各個個之立場，生於自己所課之使命故，無論何物都是聖的佛之功德聚而構成永遠不滅之塔婆世界者也。

第九章

秘密體驗之表現

以種種之角度來説明真正之我是甚麼東西了，這不外是通過個體而生於全一的事情，以一切為自己之內容而予以包容，又不被其囚而照之生之，不但有明朗的智慧，要有溫煖之感情，神秘之幽遠，意志之活潑等來融然渾然為一的境地。

但此神秘一如之體驗逾充實昂揚，都會將什麼形式而起了表現此的顯彰衝動。此即是此「生」其物之真我欲對外伸展之力。其所謂：在內的不得見之物擬將構造為有形之物的創造性之所使然的。其如「隱不如現」或「思於內表於外」等即此也。

看如何徹到神秘之體驗得把捉於內心，只此都是止於完全之主觀的，個人的之者，不得將此傳與他方，以廣為客觀的無法要求其妥當性。所謂得成了獨覺亦決定不能具足自覺覺他，而成為真正之覺者的理由。而若果真正把握了神秘體驗以上，即向外而表現，依此而非去領導他人不可。

然此表現之用具之謂，言語文字，元來是知性之產品記號故，由此都無法達達了「感情之溫度」或「神秘之尊嚴」或「意志之流動性」等等之當相之姿。從而自古之所謂「言斷心滅」或「言忘慮絕」，「百非洞遣」，完全否拒其表現的如是一面亦並不是無，但看其如何地消極百非重加否定，亦難免脱出以否定的表現之埒。

第九章　秘密體驗之表現

於真言宗即不取這種消極的態度，依真言宗獨特之方法來如實地表現，此即以言語文字或現見之事象亦可，不以此為單的知的記號視之，以此予於標幟化、象徵化，於此賦與感情之喚起性或神秘性，無限性等，通過其特殊之感覺的之事象其物，傳達表現其神秘體驗者也。此並非令其全寫依其自己欲表現的內容之物，而是令其把捉某一點來代表此，共時以其他之一切為背景而暗示之，包容其明暗之一切，以全的去感味此之處才有其特質在也。

暫以此言語文字上而言，世間普通之言語文字都會將當面之一相一義摘出來表示此，同時可以將他之一切義為背景來暗示此。自然以此為全的而默照並令得感味的手段而予以體系化者，即真言宗之所謂真言或云陀羅尼也。而將此世間普通之言語文字，成為真言，陀羅尼，與於標幟化、象徵化，即為「加持」，由此加持之方法來表現如實的神秘體驗。

於其《大日經》云「等正覺之一切之知者，一切之見者出現時，其法性（即神秘體驗），將以種種之道，持以種種旋作，從種種諸諸眾生之所欲而以種種語與種種文字與種種之隨方言語與種種之母音與其中得了解地加持來說此真言道」云，又「如何是真言道？所謂加持此書寫之文字也」而所言者此也。

而此世間普通之文字與真言宗的真言，陀羅尼的差別是在那裡者，世間之文字普通之言語，只是傳達思想以知的之用具，以一相一義為基調，其限定的一意義之言語文字，以量的而多連結，廣為伸外以種種樣樣之方面來綜合的將其內容令其了解者，反之真言，陀羅尼即必無量的其多語的需要，寧是質的選其如實得象徵其精神內容的特殊言語文字，以其特殊之言語文字的意義為門，令其徹義而深掘下其內容，依此所暗示為背景去感得其無限性，把握體得到全的之味道者也。此世間之言語文字為文語，而對此真言，陀羅尼為義語，又稱謂「一字含千里」之所以也。

不但言語文字而已，於真言宗要表現其神秘體驗，又以感覺的之事象為之，此之事象是現實的，是具體的，是個別的，是有限的同時最有富以感情之喚起性，令其知解其神秘體驗不如令其味感此之點是比他極其有效故也。

於其靈山會場之釋尊為傳，正法眼藏，涅槃妙心的端的，拈天花而微笑，此雖只有迦葉會得，但此拈華微笑當即活生生地象徵釋尊之全身，並妙心之全體的顯現。

無論如何都以此天華或蓮花或金剛杵等之事象，以表現其真體驗之端的，以活生生之姿態呈現出來。若人一旦體得此真體驗而把握之者，為要表現時，要將所有一切之事象予以活現之，於其事象中全體驗與以個體化，具體化，現實化而示之，此「證上有萬法」而言，無論如何世俗的，觸及的不要事象，亦可取之持之予以淨化、神聖化，什麼都可作神秘體驗之象徵資料，以此視之「種種之世俗諦悉皆法界之標幟也」云。

如斯，所有一切之事象加以淨化象徵之結果，亦即在於真言宗成立了佛像或曼荼羅。但以具體的之神秘體驗，將事象來表現為限，最少都需其形態或色彩等之整備要求，自然的表現其美，不覺其即藝術化，密教精神之表現當即成為密教藝術了。

言之其物當然是以精神體驗之表現為目的故，不止於普通藝術的看法，單以曲線美或表情良好等，所謂用於鑑賞為主眼而已。但是以某點而言，此等之形式具有充足之完整，依之才有真體驗的完全表現是不可忘記的。整備此形式以暫進完全表現其神秘體驗之處，才具有密教藝術之使命。

然而言密教藝術或云象徵，元來都是神秘體驗的傳達方法或云用具故，以傳達者與會得者之間，有關於某點之了解與約束是不可無的。不然為限，其特設之佛像或象徵物完全都不外同於「貓與小判」或云骨董品。亦即必須了解，佛像之三面是表現什麼，五股是象徵什麼如是等一應要認識的，而在兩者之間無此約束不可。

此即是佛像或象徵等之解開神秘之鍵也，由握此鍵而通此佛像或象徵才能通達其神秘體驗，而認識「生」其物的真我才能生於全一者也。此佛像或象徵，實是為生於神秘體驗之根本。以為本尊的分上與於神聖視之，不許與普通一般之藝術品同視之。

第十章　依事象之表現

第十章　依事象之表現

無論如何，甚麼神秘一如之體驗，結果都屬心的現象為限，其是常在流動的，遷替的現象都不許一瞬之靜止。以把握當體的瞬間，其已經移去流失，不停其實相，只有與以固定化、客觀化，以不動之物而凝結具體化，才能把握與表現。而其善無畏三藏云「甚深之法相不能直即宣說，只以方便之力，與以事象化、象徵化，才有置心之地，為所作不空」云。

這才是表現活動，同時其表現活動之進展隨之不但止於身體所屬之聲音機關或身之活動形態及搖舞手勢去表現手段，更進到身體以外之領域，至以用劍或蓮花或月輪等等的事象為資料來表現自己的體驗內容。真言宗於此名謂標幟或云契印或云三昧耶形。此等之劍或蓮花或月輪等事物當體即表現佛之體驗內容之表現標幟，或云割符（契）或云幟（印）或云記者也。又以三昧耶之語來詮表，示其佛之內證體驗之形故也。

其三昧耶形之稱者，雖有單純之物與複雜之物等的種種樣樣形式，且最基本的富於共通性者，即是月輪與蓮花。

特將月輪以為三昧耶形之所以者，大概以光明為神聖視的思想為淵源。特在真言宗之《菩提心論》云「佛心如滿月」或云「我見自心（即本心＝佛心）形如月輪」，如此地象徵佛之圓滿明亮之內容體驗的表現。此內容亦即此內證體驗之境地是清明涼等完全於其月等相同故也。而在《菩提心論》云，又為令人明瞭其內證體驗喻月之所以，即云「滿月圓明之體，即與菩提心相類」而說之。

而以此月輪來表佛之內證之全貌，而其體驗中之佛智，或聖愛，或說法，金剛或寶幢或輪寶等以三昧耶形象徵之為其標幟也。當處視為體驗中之內容的分德之三昧耶形都盡在其全德的月輪中來表示。

其次以三昧耶形之蓮花一事，在印度、中國、日本及其他地方，大概佛像都與菩薩像相同地或坐或立，盡於蓮花上，蓮花是清淨可愛的花，但決不大到能載人，亦非強韌之物，為什麼於此軟弱的蓮華上安住佛菩薩呢？其太陽由東昇起之時，蓮華之花瓣就開，太陽將西歿之時其花就閉，在希臘之神話中說此太陽與蓮花常有關係，以為太陽是生於泥羅河之蓮華上，此希臘思想流入印度，以聖誕之象徵或為梵天之座等而使用之，此特別波及佛教，甚者密教，以佛菩薩來表現此蓮華上。為此之佛菩薩是過去無量劫種植種種之善根功德的結果，才更生於其上的。此之功德生的象徵以用蓮華者，依其無著之《攝大乘論》云「依止無量功德聚所莊嚴之大蓮華王」等說此亦可以明白。

不但外的表現之佛菩薩之形像而已，其佛菩薩之內的體驗又在修於往昔，不外是其清淨無量之善根功德所生，為表示此，佛菩薩的形像當然勿論，其象徵佛菩薩之體驗內容之劍或輪寶云之等等三昧耶形，都總畫於蓮華上者也。

此蓮華與月輪之間《大日經》即以月輪不如蓮華為主故，所有之三昧耶形之畫繪時，即先畫蓮花，然後於其上畫月輪中之種種三昧耶形。《金剛頂經》即反之，蓮華不如月輪為主故，先畫月輪，其中才表示蓮華上之種種三昧耶形。此《大日經》即以往昔之大悲為主，《金剛頂經》即以佛智之體驗為主故也。

無論怎樣都以此等之標幟，三昧耶形為對象觀境，去了解此佛菩薩之內證體驗，才得如實味得之把握之也。

思之依事或言依理，原來並非二物故，由內心之躍動具現於外，成為標幟，三昧耶形，同時通過標幟，三昧耶形才得證入其內證體驗。「外相若不背即內證必熟，恰如取筆思書物，取樂器擬發音，取盃思酒，取賽思博」一樣。

如斯，固定的、客觀的之事物，並不完全會妨碍流動性的主觀的之內心之理，但此固定的之事物若無寓有某些意義，只是單的在存時，其物已是脱了表現活動之領域，失卻為標幟或云三昧耶形之資格，都是無任何意義的泥中蓮華或天上之月輪，其當體直即不成標幟或三昧耶形。

最少為標幟或三昧耶形以上，其物即不單是一項事物，或單的存在。應以將此單的存在或單的事物，以另個角度再見之精神化之，通過此擬欲了解味得佛菩薩之內證體驗之處，才能基於過去之修養，參與主觀之能動的態度，才會沁入內化此自己之表現活動。

依此思之，真之標幟或三昧耶形之物都成立於事理不二心物一如之上。此真言宗謂「即事而真」或云「當相即道」云者。

於真言宗之特為標幟或三昧耶形之施設之所以者，不外是依此而融和了事與理之對立，有相與無相之相剋，與以不二之，如實去把握了諸法之真姿而已。此之旨趣，善無畏三藏云「於諸行人亦不得放捨諸行住於無相，又不可執著諸行住於有相」以說示之。

人若徹底此標幟，三昧耶形之真義，以單的存在，單的事物上，加味了主觀之能動的態度，以內化此並於以精神化，通過其一物一事能把握觀見宇宙之大生命的法身佛之內證時，宇宙所存在之一事一物無一不是標幟也，三昧耶形也。故大師即將此標幟，三昧耶形之真義的了得密教，於顯教之未了得上指摘其對宇宙所有的事物觀。「諸顯教中以四大（地水火風）等為非情，密教即說此為如來之三昧耶身」而說之。

第十一章　依六大之表現

第十一章 依六大之表現

凡所有一切物為自己之內容而更超越為一切物之基本，生一切照一切，含一切，育一切的真我之姿確是靈妙不可思議，此之神秘實相以身去體驗的境地在於《大日經》曰「一切智智」，以地水火風空之五大來表現此。

即云「世尊，譬如虛空界離了一切分別而無分別亦無其分別，如斯一切智智亦離一切之分別，分別亦無，無分別亦無。世尊，譬如大地為一切眾生之所依，如斯一切智智亦為天、人、阿修羅之所依。世尊，譬如火界焚燒一切薪無厭足，如斯一切智智亦焚燒一切無智薪無厭足，世尊，譬如風界除一切塵，如斯一切智智亦除去一切諸煩惱塵，世尊，譬如水界一切眾生依此而歡樂，如斯一切智智亦為諸天、世人作利樂」等說之。

此處說示之象徵，為譬喻的五大只是自由說而無順序等無關係地列舉者，但若以普通所謂准地水火風空之次第而言，大地則為一切所有物之所依，水即清涼而去熱惱與以一切物歡樂，火即燒一切薪，風即除一切塵，虛空即離一切之分別以無染無著，不外是象徵一切智智之體驗境地而已。

此善無畏三藏說明之「世間之種子以地水火風為緣，因虛空無礙故然後可以生出。若缺了一緣亦不能增長一樣，一切智性之如來種子亦如是也。即以一切智門之五義為自之眾緣故能至菩提常住之妙果者也」云。

此之以地水火風空之五大來象徵之一切智門之五義者，即是一切所依（地）與，清涼歡樂（水）與，燒一切薪（火）與，除一切塵（風）與，離垢無著（空），但《大日經》之具緣品即更用異之言語說之，其宣明即如下「本不生與，出過語言道與，諸過得解脫與，遠離於因緣與，知空等虛空」也。

此一切智智之境地能為一切物之所依之所以者，其即超越一切之對立，包容一切本來不生不滅之絕對體故也。其賜與清涼歡樂於一切物之絕對法悅之境地是超越了一切思議之處故，「出過語言道」云。燒一切之無智薪即當於「諸過得解脫」，除因緣相對之塵即「遠離於因緣」者，離了一切分別之垢成無染無著之處即當於「知空等虛空」的空智者也。

此本不生與出過語言道與諸過得解脫與遠離於因緣與知空等虛空，以此一切智門五義，准《大日經》具緣品之真言道之儀則，以一字之真言來示之，即如次：

𑖀（阿）𑖪（縛）𑖨（羅）𑖮（訶）𑖏（佉）之五字門。此𑖀字是意味本不生義的原語𑖀𑖡𑖲𑖝𑖿𑖢𑖯𑖟（An-ntpāda）之首字。𑖪字意味語言𑖪𑖎𑖿𑖝𑖿𑖪(Vaktva)的語首字，𑖨字是意味諸過塵垢的𑖨𑖕（Rajas）之首字，𑖮是意味因業之𑖮𑖸𑖝𑖿𑖪（Hetva）之語的首字，𑖏字即當體意味虛空之語加𑖪、𑖨、𑖮、𑖏等之各字𑖏（阿）韻含在其中，表示其即不生不滅之不可得之境地。自然表露，出過，得解脫，遠離等義故也。

而此𑖀、𑖪、𑖨、𑖮、𑖏之五字即又以地、水、火、風、空之五大來標幟象徵，表現一切智門之五義故，變為如次地、水、火、風、空五大之種子。

此五大，五喻、五義、以表現一切智智之境地時，我大師即以稱為秘密法界體云。此之一切智智之境地是超越了一切之思議的神秘靈妙之宇宙法界體故，但為說明此即將此五大開為六大。此乃物心之一物兩面觀而已，亦是貫物質的五大之妙物心靈以為之識大故也。即以地水火風空五大為本不生之五義而貫此之物的一切智智即精神也，此當體即識大者也。

今將此五大、五喻、五義、五字門與一切智智的識大之關係圖示之即如左也。

一切智智（識大）

五大	五喻	五義	五字門
地	一切所依	我覺本不生	𑖀
水	清涼歡樂	出過語言道	𑖪
火	燒一切薪	諸過得解脫	𑖨
風	除一切塵	遠離於因緣	𑖮
空	無礙無著	知空等虛空	𑖏

此處所言之五大，並非像小乘佛教之所謂原素，不外是象徵如來內證之體驗境地的一切智智之精神的方面之表現，其象徵一切智智當體其五大即視為識大，故大師將詮示「我覺本不生，出過約語言道」等之一切智門五義之「大日經」所說之偈頌來記六大時，以本不生以下之語句記於地水火風空之五大，同時以初之「我覺」之二字配於識大，「我覺者識大也，在因位名識，果位曰智，智即覺故」云此說明之。

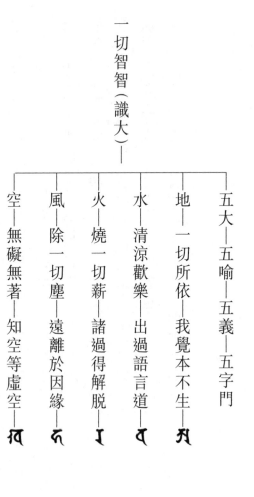

此之「我覺」之境地即一切智智、同時亦即此境地是《金剛頂經》之所謂「普賢，金剛薩埵之菩提心之當位也」云。由此見地即將此金剛薩埵之種子𑖮𑖳𑖽（吽）(Hum）以為識大之種子。

於小乘佛教等即以五大就是指物質之原素，言識大即表示精神之基本，但真言宗對於五大或云識大決非其物，無論如何都是表現象徵一切智智之境地而已，而言五大或云識大，色（物）與心不言有異，大師之所謂秘密法界的象徵密號而已。其本性完全同一者也。故大師云「四大等不離心大，心與色雖異其性即同也」云。又「諸顯教中以四大為非情，於密教即說此為如來之三昧耶身（標幟）。此真言宗（密教）之六大與顯教有異，如何都是表現如來內證境地的一切智智之三昧耶形，不過即是標幟身之趣旨也。

更在大師對此六大之真義以偈頌而云「六大無碍常瑜伽」等說之，此並非指其原素之大種的六大互相無碍地涉入之謂，於真言宗而言之六大各各都是一切智智之如來體驗之境地的表現象徵故，言地大即一切智智皆地大也，言水大即一切智智皆水大，此之象徵的六大各各之內容互為涉入無碍沒有離反或反背，常恆地調和相應（瑜伽）之境地的宣明之外無之。

第十二章　依曼荼羅之表現

第十二章 依曼荼羅之表現

此世界之一草一木皆有其各各個個之立場，依其所有一切為背景，一刻一刻地向無限之絕對而生，這是真正之現實的同時將此其現實以如實而知見之味得之乃是真言宗之真精神，以此其真精神以全的或概括的，以群眾或種種之事象或種字來表現象徵者即曼荼羅也。

此曼荼羅之語雖使用於種種樣樣之方面的各其意義。以其語之成立原義而言，即意味着粹實至實的「曼荼」一語，後附加了所有或充足等意義之後接語「羅」字，即所謂具有粹實至實充足之物。當其「藏談」之《大日經》說「曼荼者粹實至實，即本質之義也，羅者即成就義也」云云。覺密即與於說明之，「為明悟無上菩提（覺）即最勝無上之本質也粹實至實也」云。此又徵於釋友亦說明此「曼荼羅者粹實至實之義，完全像酪之粹實至實一樣，於此之教能取得其無上正等正覺即是本質粹實至實，取得此為曼荼羅也」云。

依此等視之就可以明白，於真言宗之曼荼羅者，不外是證無上菩提即無上之真言宗精神與以如實地把握，以此來全與個的關係上表現象徵者。

這於全與個之關係上如何地表現是未必一樣的，但暫以金，胎兩部曼荼羅為基本為限，即以中央之大日如來為「生」其物當體，標幟為我體之全一，由此流出所發現之無限無數之眷屬諸尊以為「生」其物之內容的各各個個之細胞的象徵。

此全一中所包容之各各個個之細胞是其全一的「生」其物而言即是其眼或其耳或是腦乃至手或足，「生」其物是依其個體之眼而見，依耳而聞，依腦而思考，依其手足而行動，無論何時何處都以器官而生成活動者也。而為「生」其物之全一逾開展發達，其內容之細胞體亦隨之分裂分化成多種多樣，而其各各互相交涉關連，何都以全一為背景去建立各各個個之立場與自己之世界。通此自己之世界來輔翼翼贊其「全一」，重重無盡地將「全一」其內容與於豐富莊嚴。

此全與個之關係之諸尊集會乃此曼荼羅故，善無畏三藏云「曼荼羅者名聚集，今如來是以真實之功德集在一處乃至十世界微塵數之差別智印在輪圓輻輳輔翼大日心王，為一切眾生進趣普門（即全一），其故說此名為曼荼羅」云云。

而其各各之個體以自己之立場，雖輪圓輳輻輔翼「生」其物的大日如來，但個其個體之原動力還是「生」其物所發生故，其根源的「生」其物為基本為限，都是此「生」其物的全一，通了各各個體故才能一刻一刻地生於永遠，無限地莊嚴自己自身者也。

勿論為莊嚴「生」其物之內容活動，雖是無盡而無限，但將暫以具體的擬以人間活動之樣式，以身語意之三方面來考察時，謂之身語意三無盡藏嚴。而其三無盡藏嚴之活動的「生」其物都不被何物所制肘的自由活動，言是一種金剛舞戲以其內容的各各個個之側視之，對立的而分為能化與所化，對於所化之眾生而言，特別強調能化之佛菩薩等之活動表現為常也。

從而《大日經》之別序等以「生」其物的大日如來，常為攝化一切眾生，示現種種樣樣之佛菩薩的身形，應同種種樣樣之世界，以種種樣樣之言語種種樣樣而說法，展開說此種種樣樣之佛意。善無畏三藏對此開演之，「依其三業無盡故，若以身而度之人即普現種種之色身，若以語而度之人者即依普門（全一）示現種種語言隨宜示導之令得入佛知見，若以意而度之人又如斯難以種種感通不得窮盡」云云。

此「生」其物的活動當此三無盡莊嚴的表現，即以自然的大印之形像的大曼荼羅與以三昧耶形之事象的三昧耶曼荼羅與以種子梵文的法曼荼羅與以供養之事業的羯磨曼荼羅也。其即如次而以身、意、語與其一如之四種也，以此四種來概括一切之曼荼羅故，彼之不空云「以此四曼荼羅攝瑜伽一切曼荼羅」而宣示之。

第十二章　依曼荼羅之表現

而此一切所有之曼荼羅不外是此「生」其物的大日如來之身語意之三活動，以全與個的關係來表現的。言云身云語云意，都是超越了有限之對立之絕對的之物故，言身即一切活動皆是身，言云語即一切活動悉是語，言云意即一切活動悉皆意，此身語意之三活動攝各各之一切無餘，無論如何都是平等無碍的，故云「如來之種種三業皆第一實際，境至妙極」，身等與語，語等於心等，尚遍大海一切處，如同一鹹味」而述之者。

此無限絕對之身語意，三平等之境地的表現，亦即是身形盛事象或種子或以其一如等，大三法羯之四種曼荼羅者，同時其四種曼荼羅之當面之表現式，雖無一定限制或態或以事象外無之，但其主眼之處是「生」其物的絕對活動故，以此為實相而肯定為限，如大師所宣示「世間，出世間，所有一切教法均在曼荼羅，世間，出世間所有一切有情即是大曼荼羅，世間，出世間之所有一切器界即三昧耶曼荼羅，世間，出世間之所有一切事業即羯磨曼荼羅」云者也。

無論怎樣此等之四種曼荼羅是「生」其物之絕對的活動，以身語意與活動四方面來表現象徵而已。故此等互相交涉關連不可須臾離而成一體，依各各自己之立場去統攝表現「生」其物的全一而不缺。故放大師云「四種曼荼各不離」。更以說明之「如斯之四種曼荼羅，四種智印是其數無量也，一一之量等同虛空，彼不離此，此不離彼，尚且如空與光無碍不逆者也」云云。

第十三章 秘密莊嚴之曼荼羅

第十三章 秘密莊嚴之曼荼羅

言曼荼羅雖有種種樣式不能一概而論，但最根本的者亦就是胎藏曼荼羅與金剛界曼荼羅，普謂金，胎曼荼羅或云兩部曼荼羅，總括之真言宗曼荼羅，都攝在此兩部曼荼羅，其中今將胎藏先來窺其一瞥。言胎藏者即「生」其物之真我以所有一切為自己之內容細胞，包藏於胎內，以自己生命之息而令其生，而以養而育之之者。何故養育一切所有物呢？這因為一切所有物雖是千態萬姿呈現不同之觀，但都悉皆自己之內容細胞，不外都是自己的真我故，而視一切如己身的見地上而「生」一切，養一切，育一切，所謂同體之大悲也。由此同體之大悲而生一切、伸一切，通過各各個個之細胞而去充實，擴大「生」其物之內容，才能生出莊嚴的活動。此表於圖像者為胎藏曼荼羅，亦謂大悲胎藏曼荼羅或云大悲胎藏生曼荼羅。

此大悲之本質即是胎藏，依其胎藏之力才能生所有一切物，伸展一切物，而通過各各個個立場去充實莊嚴神秘一如之「全」其物的內容。所謂無盡莊嚴之上，今此謂之「秘密莊嚴」曼荼羅云。

此以甚麼形式之下，以用什麼風格來象徵表現，勿論有其各種意圖。但今以秘密體驗來寄在圖像的惠果和尚親傳弘法大師之所謂大師請來之現圖曼荼羅為准來解釋之。此即如第一圖，八葉中台院，乃至最外院之十二大院為之。

其中央位即中台八葉院，此名之所以者因為用赤色畫大八葉蓮華於其中台故也。其八葉乃是「生」其物的全一大日如來以超越時間的幽遠之古昔，創造加創造大行進而來，示其過去一切之輝煌的功德行蹟者，即以其八葉來表「生」其物之胎內。以其中央的無數之鬚蕊包藏其胎內，示其所有一切細胞體的一切，由其各各而充實莊嚴現出廣多之功德行蹟。而善無畏三藏云「由此之葉藏所包，為免傷壞於風寒眾緣，淨色之鬚蕊日夜而滋榮，猶如大悲胎藏」云云。

坐此無量無邊之過去之功德行蹟故，才有「生」其物之大日如來之今日也。為表此而又在其八葉之中央，更畫寶蓮，其上更畫戴有寶冠纏天衣的大日如來妙色身。其四方與四隅與其八瓣上畫了四佛四菩薩，這是「生」其物之胎內所包藏之各各個個細胞體，各各自己覺了甚麼，而各各生於絕對，至生於無限的因、行、證、入之表示。此以佛形與菩薩形之外無法形容。

包藏在胎內之「生」其物之細胞體的我們，若果有意生於絕對完全生於無限，無論如何都需要打破此肉體中心為個我所囚之迷妄才成。象徵降伏打破此迷妄者即是中台八葉院之當下方的持明院。其處畫有持明使者的不動明王與降三世明王，這乃表示依此而打破迷妄之始終的。

打破此迷妄的結果，即以所有一切物為自己之內容，才能把握開了全的遍智。示其當相即中台八葉院上方之遍知院，其即不能被任何物所囚，以三角形而表空、無相、無願之三解脱智。

而此持明院與遍知院對中台八葉院而言，即以全一的胎藏之境地，以破邪顯正，消極與積極之兩方面來分開上下去表示而已。故將持明院與遍知院合之即是中央根本體，反正將此三院合之即「生」其物的佛陀聖體的表示，故此云佛部，超越一切對立，表大定之境地者也。

此佛部的大定境地，本是照一切之光明智慧，具備有生一切的慈悲活動。當處而展開左右者，即金剛手院與觀音院，此前者即以手執大智金剛杵之金剛手菩薩為中尊，象徵大悲為主尊觀自在菩薩為後者，由此成為大智之金剛部族與大悲之蓮華部族。

而此「生」其物之胎內所具有之，大定、大智、大悲之三德，以佛部，金剛部，蓮華部來表現而付有體系者即此曼荼羅也。此為三部曼荼羅，通其胎內包藏之各各細胞體，互相充實擴大其內容，對於無盡莊嚴上言，此為秘密莊嚴之曼荼羅。無論如何都以中台八葉院為中心，周圍四方之曼荼羅為第一重，但「生」其物即以胎藏之全貌來分開以靜的來表示者，「生」其物本來是動的之物，一瞬都沒有靜止而次以次之分出所有一切物，展開創造不絕地向永遠之彼方行進。此大行進之前途是無窮而多方面的。但依各各個個之細胞體為基點以上，其個體的自己其物要深以內掘下，去把握「生」其物之實體以堅固，將生於絕對，無限，完全如實的方面與將此個體為自己其物而向外廣伸，攝化他，同化他廣為生於大社會的方面，即云自證，前者曰體驗，後者謂教化或云化他。

若以前者為向上門，即後者為向下門，此向上向下，自證化他的兩方面之活動，亦即「生」其物之本來妙動也。

此將曼荼羅而言，位於遍知院之上的釋迦院即屬表示化他向下門之活動，此為第二重，此釋迦院即以人間界之教主釋尊為中尊而畫，此為以人間之立場廣大而向外伸展，攝取教化他，表示令其生於完全的全一者。此外為伸展攝化之活動都不止於人間的立場、餓鬼、天人，其他所有一切以各各之個體為立場中心起了化他之行業。所以「大日經」的住於餓鬼立場，都畫有閻魔天之曼荼羅，或天人為中心的帝釋天曼荼羅，或其他水天，地天等之攝化曼荼羅。但今即只以人間中心以舉之，其他即從略之。

對於，文殊，除蓋障，地藏，虛空藏，蘇悉地之五院，即以自證向上門之具體的，體系的而表示者，此為第三重也。此第三重曼荼羅是要不因於對立觀念而生於完全的全一之文殊智慧之體得，同時依之於消極的即消除個我所縛之蓋障，積極的即以得到大地伏藏眾寶一樣的功德，其結果如虛空地包藏一切而不被其囚，其活用之妙成就，即蘇悉地之活動體得，示其才能生於絕對無限的完全境地。

更以最外部之四方所住者，總為最外院，此即歸依擁護其內部之秘密莊嚴曼荼羅的諸世天之曼荼羅也。從而畫有日天，月天等之十二天或十二宮，二十八宿等，自印度一般崇拜之諸天。

要言之「生」其物的胎藏曼荼羅就是秘密莊嚴曼荼羅，同時以蓮華來表現此故，又謂蓮華曼荼羅。但此「生」其物以所有一切物包藏於自己胎內，其所包藏的細胞體之各各個個都是以過去生出一切的輝煌功德行蹟，而繼續積重未來永劫而聚集，次以次之生長展開，其即互相，相依相扶去充實「生」其物的內容，去擴大莊嚴其實相，可以用蓮華來表現，亦可以用塔婆之形來象徵。而此蓮華以之表現的胎藏曼荼羅，予以縮少即成大日如來之三昧耶形的塔婆，以此一而可表示者也。

第十三章　秘密莊嚴之曼荼羅

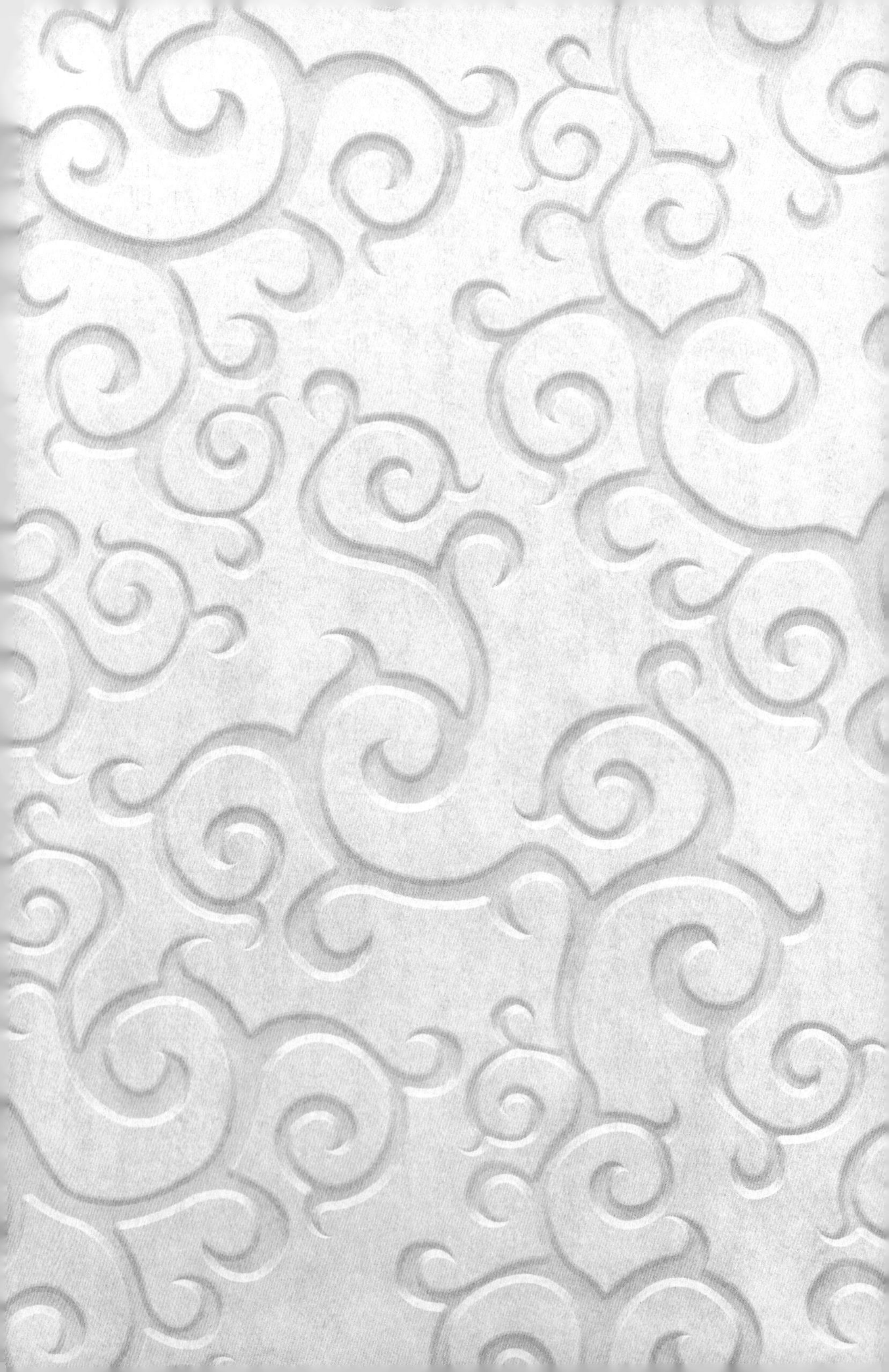

第十四章　五股金剛之曼荼羅

第十四章　五股金剛之曼荼羅

兩部曼荼羅之隨一與胎藏曼荼羅並稱者即金剛界曼荼羅，此金剛界曼荼羅是象徵金剛不壞之永遠世界，同時用金剛杵圍繞此曼荼羅之各重。此即表現永遠不滅之金剛世界於如實故，此稱之謂五股金剛曼荼羅。

但此曼荼羅之中央畫有五股金剛杵為緣的大金剛輪，以其中之五個月輪表五解脫，此亦與五股金剛杵同等表示五五部之五世界。

於此五解脫輪之中，其東方標幟永遠不滅之金剛部族世界，表所有一切物在一刻一刻地生於永遠，此即所謂金剛部也。同時體驗之智慧上而言即大圓鏡智也。有此如大圓鏡的明朗之悟的智慧，依此起初才能會得所有一切物生向永遠與不滅的如實。以此解脫世界之主佛謂「阿閦」如來，即無動如來，基於一切之對立觀念的所有一切煩惱或不安而動搖，表示生於永遠無限者也。而此佛基於對立觀念之下的死魔或煩惱魔等之摧伏故，為此結有降魔之印。

此阿閦佛即以無動佛之境地展開於四方，以生於無限之永遠人之金剛薩埵與將此立場去鈎召攝取一切的金剛王與將此鈎召來的一切物以為真我之內容與以熱愛的金剛愛與由此而自他平等得到喜悅之世界為現實之金剛喜為四親近來圍繞此阿閦佛。

次之南方解脱輪是表示絕對價值之體認的寶部世界，此即平等性智之境地，依此智上以一切所有物，以平等的而使其成至上之價值，依此之取扱上才能將此一切寶財之價值展開於此世界。從而以此世界之主佛謂寶生如來。左手持寶珠右手與願印。此乃是以所有一切物活用之成為財寶，同時表示賜與一切。此寶生佛之境地開示於四方者即，金剛寶，金剛光，金剛幢，金剛笑之四親近，如次來說明即：物質上之寶與精神上之智光，將此施與一切之活動，依此而得到實現而笑的境地之表示者也。

更在西方之月輪是象徵正智與無限愛的蓮花部之世界。恰如蓮花出於泥而不染泥，所有一切物雖千態萬樣地呈其景觀，但總是其自性本來是清淨之生命體也。是個全一體的微妙觀察上言之，即表示此謂妙觀察智之境地，依此照見所有一切所有物不外是自性清淨之全一體時，油然而起了同體大悲之發動，當處才能開了無限愛的世界。當此世界之主佛謂阿彌陀如來，即無量壽如來也，結有定印與說法印揉合之所謂「彌陀定印」。此佛即一面統一心而生於無限，觀察自性清淨之全一體的同時，於他之一面之同體大悲上去教化一切眾生而說法，此表示無限愛之境地者也。

而此自性清淨之全一之法其物與於微妙地觀察者即觀自在菩薩也亦即金剛法也。依此妙觀察智，對於種種對立觀念為基的戲論與於超越除去者即名文殊菩薩的金剛利。以此無戲論智為基因，開見此現實世界當體為曼荼羅世界者，即曼荼羅菩薩之金剛因。以此境地如實地開演給一切之所有者即曰金剛語菩薩。此金剛法與金剛利與金剛因與金剛語之四菩薩即阿彌陀佛之內證的展開之四親近者也。

其次位於北方解脫輪是不被何物所囚，標幟著自由活動，羯磨部之世界。其是或見或聞或嗅或味或觸等之感性世界與以整理統制，成辦其統制之完全所作之表示境地，依此成所作智個即由全，全通以個地展開遊戲神變之創造世界。此世界之主謂不空成就如來，何事都不敗必有成功的意思之佛。而此佛舉右手作施無畏印，表不被任何煩惱所囚超越一切之怖畏的自由活動。

此自由世界的不空成就如來之活動開為四方者即，金剛業、金剛護、金剛牙、金剛拳之四親近。其中象徵自由創造之活動者即金剛業，作此金剛業而保護其不被遊惰放逸之一切所誘惑來護其身者即金剛護也。更進而積極地突向無限之前方，同時摧伏其中途一切魔障者即金剛牙。結果其身語意之三方面活動到了完成者謂金剛拳也，此印在真言宗名謂三密合成印，表示身語意之三密活動完全合一而已成就者也。

如斯住於東西南北的金剛部，寶部，蓮華部，羯磨部之四部，以精神的而言，即大圓鏡智，平等性智，妙觀察智，成所作智，更以內容視之，即永遠、價值、聖愛、自由之四世界，綜合此等而溶融之以全一的一如而生者即所謂如來部，此即名法界體性智，為此全一世界之真正體性，與以如實地知見之境地故名者也。其即完全如太陽而照一切生一切的大毘盧遮那，即大日如來也。為象徵此體驗之境地故結有表示覺勝的正智合一之智拳印。

住此法界體性智之如來部之大日如來之境地的展開時，成為四部、四智、四世界，此更擴大之即自金剛薩埵至金剛拳為十六大菩薩，此之開兼合為五部、五智、五世界，以五月輪或五股金剛杵來象徵。

無論如何此金剛界曼荼羅之五佛十六尊都是象徵五部、五智、五世界之實體象徵故，以男尊為之。然此其五部，五智、五世界是靈的生命之發現體而常在躍動展開生成，沒有靜止暫時，為表現此不斷之妙用，即以四波羅密與八供與四攝及十六尊女性為主，示其全一之大日如來與四佛的關之互相供養活動。

此妙用之表示能力之(Cakti)的梵語是女性故，以女尊之形來為標幟，而其妙用即個由全，全通於個而發現活動，這都是聖其物與聖其物之互相交涉，互相崇敬之念故，表此妙用即以供養之語來示之。

即個體之四佛為供養全一的大日如來而以金剛波羅密與寶波羅密與法波羅密與業波羅密之四天女來作此供養報酬，為此大日如來即以內四供養之金剛嬉與金剛鬘與金剛歌與金剛舞之四天女來示現，更以四佛應之以外之四供養之金剛香與金剛花與金剛燈與金剛塗之四天女來供養大日如來依此互相供養而全一之大日如來益加其威光倍增，其結果才於曼荼羅之四門現出，金剛鈎與金剛索與金剛鎖與金剛鈴之四攝天女。以鈎召一切之迷者親近此金剛不壞之曼荼羅，引入其近來者為索，不再令其迷為鎖縛之，最後鳴了象徵無限之說法的法鈴，令其得到法悅。

此等之四波羅密與內外之八供養與四攝等十六女尊，亦云定門之十六尊，亦謂十六明妃，又其男尊的十六大菩薩與五佛加之為卅七尊，以此三十七尊來表五智、五部、五世界之實體與妙用，與以巧的來表現者即金剛界曼荼羅也。

但此曼荼羅之第二重有現在賢劫千佛畫在其中。此以常恆現在主義之立場而言，即表示其全一之生命體通過各各個體而充實莊嚴其各各內容的不斷活動。又以金剛界畔畫有他之五類諸天，這即表示如大自在天一樣的剛強難化之諸天亦被生於秘密體驗的金剛薩埵所教化，成為真言宗之擁護善神云者也。

第十五章 真言宗之特質

第十五章 真言宗之特質

真言宗能在此世界存立，即自有其存立之意義價值，其存立之意何在？即可在其特質或其獨自立場來判斷。真言宗若無具有其特質或獨自立場即沒有存在世間之意義，因此真言宗之特質或真言宗之獨自立場的如何即成為論題。要將真言宗之特質或其獨自立場來的鮮明問題，即必需與他之宗教或教法與以比較，有將高處來反顯把握其全貌的必要，好像入山不見山，出山始可見山一樣才行。

真言密教在印度成立的當時，具有小乘佛教之外，還有大乘佛教的瑜伽唯識派與中論空性派二派的存立，此等各各依自己之立場大張教線，但終成形式化失其精神，徒將佛與以理想化，只將完全無缺之物投影於彼岸，此逾理想化凡人之成佛逾不可能了。其結果所謂要費三大無數劫的無限時間，若非積了所有難行苦行都無法成佛，好像隔了籬笆攀上樹末去望看他家之花一樣，無論如何美麗亦摸不到，還是他家之花，更加自已在高梢之上，都沒有甚麼辦法得到的。

如斯佛教已成理論化、形式化、理想化，遊離了實際生活，所以失去其存在意義時，以獨自的立場來看其舊來佛教而改觀，雖以平凡的方法無可能成佛亦不足，但人若以真言陀羅尼之不可思議力，即可以成佛，即此凡身能疾速實現佛之活動，於此而鼓吹新佛教宣明真言密教者也。

當處在《金剛頂五秘密經》即以其當時印度存在的舊來大小乘教總稱謂顯教，將其比較對照此真言密教云「於顯教修行需經三大無數劫之久然後證成無上菩提，於其中間十進九退云」。又《大日經》說「於無量劫勤求修諸苦行亦不能得，然行真言道之諸菩薩即於此生獲得之」云。依此而言，在於印度之在來佛教，從於佛的理想化、概念化，遠劫作佛為其立場，對此真言密教即現實化之，實際化而力說即身成佛，強調疾速頓證，此處乃其特質也，亦是其獨自之立場，即有真言密教之存在意義。

然於中國即其事情聊異，開元年間善無畏三藏或金剛智三藏等傳真言密教於中國之時，已有天台宗或華嚴宗的成立，盛說龍女成佛或云疾得成佛而力說之，不是真言密教亦將即身成佛之旨趣掛於口唇，若果宛如印度單說即身成佛，即真言密教獨自之立場，恐怕無法顯揚其特質如此也。然不但如此，真言密教之根本經典《大日經》之解釋者善無畏三藏或一行阿闍梨等都以印度完全一樣，將其真言密教之立場都止於當體的傳承「說法有四種，曰三乘及秘密乘也」如此地將秘密乘，即真言密教只以唯識，中論對比其完全的三乘教，此謂華、天兩一乘同樣之物地處理。更如不空三藏之「變化身之佛是為地前之菩薩及二乘之凡夫說三乘教，自受用報身之佛是為從自心流出之無量菩薩眾說三密之法門」云。擬在能說之佛身上試其發揮真言密教之特質，但此尚不能脫出「三乘教對真言密教」之領域。於中國之華、天兩一乘而對比，看真言密教是佔甚麼地位，俱有甚麼特質在，都尚未完成了學的系統的去批判說明。

此中國密教由空海大師以大同元年十月學去，由唐歸國，於築紫隨即撰寫《請來錄》及其請來之經典等，奉奏朝廷說明真言密教是甚麼物，所依之《金剛頂五秘密經》或不空之《表制集》等為基云「顯教是即談三大之遠劫，密藏是十六大生為期，遲速勝劣，猶如神通與跛驢」而強調密教立場，力說密教比他教為勝，但都不出「三乘教對密教」之範圍。

但當時之日本已有俱舍、成實、法相、三論、律、華嚴之六宗林立於南都，於北嶺亦新開創天台宗，各各張其門戶削排他乘，介在其中間的環境下大師如何地開創真言宗，宣布真言密教，若只用「三乘對密教」之教判而已者，無論如何都無法屈服華嚴或天台之一乘教或淩駕以統制，要樹立真言宗之新教幢是萬不可能的。

當處大師即將以華、天兩一乘教亦考慮入之，以顯教中之聲，緣二乘或法相，三論等之三乘為應化身之說，華嚴或天台之一乘教為他受用，報身化之說，對此真言密教為自受用，智法身之說，所謂以作「三身二教之教判」。

此「三身二教之教判」不知何時被至唱道是沒有正確年代。最少亦在大師御歸朝後經過九年歲月之弘仁六年，是時其體系大概都整備，其四月一日「有某記」云《楞伽經》之引用而明真言密教之特質。報身、化身之所說的一乘三乘教都是隨機方便之說法不明佛自證之境界。只限以法身佛之所說的真言密教才有說此，以強調之。特為華嚴之《十地論》或天台之《摩訶止觀》來證之，顯之一乘教云佛自證之果界為不可說而默視批議者也。

其翌，弘仁七年五月，最澄修書寄泰範，「法華一乘與真言一乘有何優劣在」地揚言，大師代泰範駁之「法與應之佛不得無差，況乎顯密之教何無淺深」云而昂揚真言密教獨自之立場，經過種種試練，華、天兩一乘所包容之顯密二教判之大師思想之完全大成者即《弁顯密二教論》其物也。

此之《弁顯密二教論》果是何時的撰述，亦無需要知其確實年時，但依智山之運敞師所云者，若大師之《廣付法傳》之於末尾《法身說法章》之語，就是指明法身説法之大義的《弁顯密二教論》者，最少此書即在弘仁十三年已前成立是無疑的。此之《廣付法傳》的略述的大師之《略付法傳》即是弘仁十二年九月所撰述故也。

思之，鮮明真言宗之特質，昂揚真言宗之獨自立場的大師之教判思想，其後益加圓熟完成，不但二乘、三乘、一乘等之佛教而已，廣及於印度之婆羅門教或於中國的道教、儒教都攝取之，予以檢討批判，對此等之與真言宗所佔地位、特質、完全以新的看法上鮮明之，付與體系化者，即其「十住心論」十卷與《秘藏寶鑰》三卷也。

此《十住心論》與《秘藏寶鑰》不知何時之御製作是無確實之時間。但《十住心論》即有「受天之恩詔而述秘義」云者，《秘藏寶鑰》即有「我今蒙詔撰十住」云云，都是應勅之御作故，若如仁和寺濟暹僧都所言，果如護命之《法相研神章》或玄叡之《三論大義章》相同是奉淳和天皇之勅的造進書者，即是天長七年，大師五十七歲當時之御作是不得否定的。亦可以窺見思想最圓熟時的大師晚年之物不知也。

無論怎樣大師即以真言宗為如實闡明此佛自證之體驗世界為能事，只依此真言宗而能以一切之物為全一地交涉關連一瞬一刻地向無限於生活，同時能見到真我之姿，體驗其神秘活動。人若依此真言宗亦得開展慧眼，其當時見到了真我之姿的天地真相之知見時，就悟到天地間存在之所有物悉皆是真我之內容，同時其一事一物都以各各的立場以宇宙為背景，一一都生於絕對的無限，而其各各的獨自立場去表現其特異，並與蘭菊競美，來莊嚴宇宙的無盡之自己任務。

此無盡莊嚴之真正之我之內容，以如實知見而體驗，乃是真言宗之特質，同時為導此體驗境地而以時有現出五百由旬之化城，又時而為慰無知之小兒而與以楊柳黃葉等，應機應處，以種種方便說法者乃不外是二乘或三乘或一乘的顯教而已。此在大師之《弁顯密二教論》之所云「所謂化城之息賓，愛楊葉之兒，何能保得恒沙已有之無盡莊嚴乎」而喝破之。

大師之後，禪、淨土、日蓮等之佛教各宗，漸漸崛起其種種樣樣的新興宗教，依各各自己之立場競張教線，於種種方面呼引民眾，但到現在都未至發揮其恒沙已有的無盡莊嚴。若果真言宗將此發揮之，體驗之，宣揚等為其特質以上，其存立之意義是起天長生永遠不失的。

第十六章 真言宗之顯密二教

第十六章　真言宗之顯密二教

在於真言宗，以一切佛教分為顯教與密教，其分為二教的由來極古，已在龍猛之《大智度論》中說及「佛法有二種，一是秘密二者顯示有」而判釋之，但於此所謂顯示者即言以出家修道者而露出時代之表面，誰人都一見易知他是聲聞乘。秘密者以方便力，和光同塵與民眾不分，雖不醒於大眾人目，都是俱有秘奧深遠內容的菩薩道，當時之佛教即只有此聲聞道與菩薩道，即小乘教與大乘教其外都無他。

其後《大日經》或《金剛頂經》等成立，其教之內容深密，秘奧不但直示佛之內證體驗而已，在其宣布方式或灌頂等之秘密化儀上與眾特別不同故，終於稱為秘密佛教也。對此在社會之表面所顯露宣布之小乘佛教或唯識，中論等大乘佛教亦悉皆稱為顯教了。

但是《涅槃經》或《圓覺經》為始，其特殊之經典都時而附了密藏或秘密藏之名亦有之，此等之經典都是以為開示如來之秘密體驗的見解為基調的。依彼之「賢首大師」等之《華嚴經》即為絕其聲聞等之見聞思議上，而呼為秘密教也。

而於密教或秘密教或秘密藏等名，雖不限於心定為大師之開創的真言宗，依其內容或形式來見之，密教或云秘密教之名是最親於真言宗者，此與其成立之事情而言，都是最根本的之物也，反之余之經典或宗教稱為秘密藏或云秘密教之名者，完全是一時的之假稱，不過是方便的見地而言，弘法大師即以自己開創之真言宗，即名為密教或秘密教、真言密教等，其他之宗教悉歸於顯教。

即依大師而言「顯密之義是重重無數的，若以淺至深，深即屬秘密，淺略即是顯，故外道之經典又有秘藏之名。如來所說之中顯密還是重重，若佛對以小教之說法，對於外人而言即有秘密之名，以大比小即有顯密，一乘賺三故以立秘名，總持(陀羅尼)是得選多名而得密號。法身之說是深奧的，應化之教是淺略的，由此故名秘。云云。

如斯顯密之義雖是重重，只有法身佛之所說的真言教才是特殊深密的，故雖名為密教，是甚麼點才是所謂大師的深密密教秘奧，這些都需要證明的必要。當處大師是以六經之論為背景來立證論述的。今要約之，此即法身之說法與果界之說不與成佛之遲速與教義之勝劣的四論點為指歸，先第一論點的法身說來一瞥之，大師當時之宗教，已有法相、三論、倶舍、成實、律、華嚴之南都六宗即勿論，北嶺之法華，至天台，都是歷史上之釋尊以為基本者，假使華嚴或天台的毘盧那遮佛都常掛在口唇上，這完全是一稱對釋尊之美稱而已。然於大師之真言宗而言，此歷史上之釋尊以為法身佛之化現的變化身，都置於第二位置，以其根本地之身的法身佛為根本佛而以奉仕崇拜者也。

此法身一語並非真言宗之專用語，廣為法相或三論或天台或華嚴都是常用語，但此之所謂法身者，都像真如或法性或空性相等的單之抽象理念，或止於理體，決不用於現實之佛而處理看待，從而其法身會說法等事完全以為不可得之事。反之以此法身為靈格具備之常恆現在佛，彼之釋尊是歷史上之人，已隱在涅槃之雲中現在不現者也。只此法身佛常恆地遍在宇宙，常放光明而常說法，常度一切而無休息。但凡夫以罪故不能見聞，恰如太陽赫赫而盲者不見，雷霆而聾者不聞。力說此法身之說法，開扉宇宙之神秘之處才有真言宗之所詮。而感得此法身之說法與體驗，此以文字來表現者即是大師之真言教也。

次之第二論點，果界之說不的問題，此處之所謂果界者或云果分，乃佛之神秘體驗事，此神秘體驗世界是所謂冷暖自知之境地，若非自己之體驗世界之直參者，不能容易味得其風光的體解，而此在我人之言語，心量以之思惟、表現、論證，都完全不可能的見地，由此法相宗或三論宗等都以言斷心滅或言亡慮絕或百非洞遣地之點視之，如華嚴宗亦以果分不可說地之置於言詮之埒外也。

但於真言宗以特定之文字言語，特種之手勢事象為標幟而象徵，以得到此等之不可見聞不能思議之神秘境界的秘密體驗世界的直接見聞思議而表現之，直示此神秘體驗之果界以表現，解說的以特種之方法是此真言宗之特質。

其次之第三點是成佛之遲速問題，其南都的法相宗或三論宗，都以遠劫作佛為基調，而對大師之真言宗即說詳明的即身成佛之旗幟。又如龍女成佛或疾得成佛為口說的天台宗或華嚴宗都是「單的理論為始終」不知如何方法來實現之「完全跛驢」者，予以叱責之，以彼等之法為入真言道之初門而已而判明之。將此即身成佛之理論共時說其實現方法之三摩地之秘觀並以說示之處即其處有真言密教之優越性。此乃密教成立以來尤為強力地主張之處。

最後教義之勝劣問題的第四論點，思之大師之真言密教即與他教有異，以法身說法為基本故，其教法無論如何都置力於無限絕對，以此天地間存在之所有一切事物，互相交涉關連，無時地生於全一，不捨各各自己之立場，建立自己之世界，各各以宇宙一切為背景，體驗其生於一瞬一刻間於無限絕對的教。大師說「人法是法爾也」，「何時興廢，機根絕絕也。正像何分」云者，言人，言法，其各各都皆是絕對者無限者故機根亦無上下之區別，時亦無正、像、末之隔。從而其教法甚麼適應於上根，下根不適應，甚麼正法，像法之時代有效驗而已，經末法之今日不適用，這些觀念在真言宗無之，是通正，像，末，一切時代，恆及上，中，下之一切機根，何時何處都適應一切人與相應，此即真言宗也。「若果信修者不論男女此皆其人也，不擇貴賤悉皆其器也」。又云「明暗不在他信修忽證」云云。

住此立場，大師在其《弁顯密二教論》引用其《六波羅蜜經》，明此真言宗，以他教無法救濟的極重罪人亦可以攝取。又其《十住心論》云「四藏（經、律、論、般若）之藥，只能治輕病，不能消滅重罪，所謂重罪者四重、八重、五逆、謗方等，即一闡提也，通醍醐味治一切病的如斯之總持妙藥，能消一切重罪，速拔無明之株杌」而說之也。

若上根，上智之人，不求外道二乘之法，有大度量而勇銳而不惑者宜修佛乘」，若證諸《菩提心論》之文而云「真言密教是上根，上智之教，不通於下根者」等說亦有之，但此只是止於真言密教之指導者，能化之阿闍梨的權巧機緣之事，並非對於一般人的說法，以普通之人而言，無論甚麼程度甚麼階級的人，若有信修的決心，都有相應其人教義所欲的法與機會。

第十七章　真言宗之十住心

第十七章 真言宗之十住心

以自己之宗教為密教，其他為顯教來大概地比較對照，以宣揚其特質的顯密二教判外，大師還著有十住心之判教，若以顯密二教判為大體論或為大觀論者，此十住心之教判完全是詳密論或云細觀論了。此彼之顯密二教判一口而云顯教，但其中亦有種種宗教，如其教法之內容千差萬別，細言之，亦須具體的對其各各之宗教予以檢討，對其一一的宗教是否具有真言宗之立場或特質在那邊，加以別論調查的必要。

古來顯密二教判以為橫的教判，十住心之教判為豎之教判。但此二種之教判分為橫與豎者，並非大師之時代，依如實之《冠註十住心論》之玄談，去大師約三百五十年，文治年間，高野山有「俊晴」，其俊晴開始使用此橫豎之教判之語云。無論如何橫之教判者，以自余之宗教一樣地大體上作為顯教的教判。豎的教判者以自余之宗教各各別別階級的而論別，此以巨細去審查者之教判。此等以橫為平等，豎為差別，稱謂二種教判。

此等之二種教判中，特將大師之十住心之教判的開設過程之所以來考察時，此乃以《大日經》之住心品為基準，闡明真言密教之真精神在那邊否，真言行者之住心，即安心是如何地確立，發展的次第等種種宣明為主眼，兼依此而將真言密教與其餘之他教之顯教二者間的關係的詳示者，亦即企圖如實發揮其真言宗之特質而已，此事於大師之《十住心論》云「今依此經顯真言行者之住心次第，顯密二教差別又在其中也」云云。

其《大日經》之基本的，大師欲宣揚強調者即真言宗之真精神之如何，此即「如實知自心」，亦即真我的如實之知見與體驗之外無之。此於《大日經》之文相云「若分段、若顯、若形色、若境界、若色、若受想行識、若我、若我所、若能執、若所執、若清淨、若界、若處，乃至，一切分段中求之不可得也」云地其消極的而處理之，但大師在其文底所潛之義趣上，與以積極的去開顯說之，其是「究竟覺知自心源底如實證悟自身之數量」云。

思之一般人以此肉體為中心的物質我，或以假我誤認為真我，但真我決非孤立的存在，是以宇宙一切物為背景與前景互相交涉關連之間生於全的真我者，其真我即通過各各之個體而生之上，假使以物質我為立場為中心亦只是個中心或立場的表示而已，若離開周圍之環境，一刻都不能存在的，生在其環境中，與其成為一體，才是實際之現實了。將其孤立的，以為自己或為他人，彼此等微細去分析者，即是將生於一體之全現實，暫時以理性上抽象的概念而已。以實相的宇宙而言，是有全而無部份的。

此全一之真我，以現在之一瞬宿過去之一切時，孕未來之一切時，以一瞬一刻地向無限而生的。其真我之心神是如何者，此即連宇宙之一切之心成一體，其真我之身體謂何者，此又連一切而無數量無限，不單是人體而已，且與山河草木，恆及天地間存在之所有一切形象，無一不是真我之姿，或身體者也。

而此真正之我的身心即網羅了宇宙一切其內容，其一事一物都各各生於無限的絕對者，其各各以獨自之立場，各各表現其異，互相競爭而不斷地充實莊嚴全一的真我之內容，一瞬一刻地生於無限的絕對之真我實相，大師說秘密莊嚴或「無盡莊嚴，恆沙已有」云云。

此秘密莊嚴之真我真相擬將其如實而知見體驗，即真言密教之真精神也。菩提，即真之悟也，其悟者並非通途佛佛之所謂的固定的之物，都是常在生生而成長進展，於其初，真我之知見雖屬幼稚，次第發達，終至把握了秘密莊嚴之真我全貌而得如實知見，此悟之境地以如實動的而觀察說此淨菩提心之續生之處，即又是真言宗之特質也。而在《大日經》云「心續生之相是諸佛之大秘密也外道不能知」而說之。其心續生者，極其低級的肉體中心之自我，只能以孤立的而認識者，由周圍之種種因緣所誘發，遂生了宗教心之芽而張了葉，開了花，終於結了果實，至於體認到如實的真我。次第而續生轉昇，這些過程開為十種者，乃大師之所謂十住心，今將列其十住心之名目即如左也。

第一異生羝羊心——魯鈍比如牡羊之心
第二愚童持齋心——能思至持齋善根心
第三嬰童無畏心——依信昇天得無畏心
第四唯蘊無我心——認五蘊之法為我性心
第五拔業因種心——至拔除業煩種子心
第六他緣大乘心——思拔他人之大乘心
第七覺心不生心——覺不生不滅之身心
第八一道無為心——離為作造作之對立體驗一如之心
第九極無自性心——諸法常生起生動無固定之自性心
第十秘密莊嚴心——體認秘密莊嚴之真我之內容之心

如斯由淺入深，秘密體驗之住心，即安心分為十種而展開者即此十住心，同時一貫此者即「如實知自心」也。亦即所謂如何去體認知見真我，而大師明示了此如實知自心與十住心之關係，「此之如實知自心一句含有無量義，竪表十重之淺深，橫示塵數之廣多」地指摘之。

大師之十住心如以上所列，一面有發菩提心，即悟之心或宗教心或其進展過程的開示，同時又有一面依此而以真言密教去比較其他之宗教的顯教的對照宣明其如實之特質故，自然此十住心有對內對外地分為二方面。

先對內者，在於真言宗獨自之雰圍氣中，要闡明其宗意與真精神得到其真爾的方向謂唯密之十住心。此唯密之十住心中，令真言行者之宗教心漸次向上進展，遂而得秘密莊嚴之究竟境地，為示其過程之向上一面，更得體驗其秘密究竟者，為攝化救濟一切眾生，必應其眾生之宗教心之發達程度，施設各種法門，有其示宗意之向下的一面。普通前者稱謂心續生十住心，後者謂深秘十住心。

對內的方面
- 向上的——心續生之十住心
- 向下的——深秘之十住心

——唯密之十住心

其次對外的，對其他之宗教的顯教要示明真言宗之特質或立場方面，謂顯密合論之十住心，又云九顯一密之十住心。此乃十住心中之前九為顯教，第十為密教，以前前淺近，後後深實之次第而比較對照，以最後強調真言宗之特質，其關係圖示之即如左。

對外的方面

- 第一住心——教乘起因
- 第二住心——人乘
- 第三住心——天乘
  - （第一至第三住心）世間道
- 第四住心——聲聞乘
- 第五住心——緣覺乘
  - （第四、第五住心）小乘（二乘）
- 第六住心——法相
- 第七住心——三論
  - （第六、第七住心）權大乘（三乘）
- 第八住心——天台
- 第九住心——華嚴
  - （第八、第九住心）實大乘（一乘）
    - （世間道、小乘、權大乘、實大乘）顯教
- 第十住心——真言——秘密佛乘——密教
  - （顯教、密教）顯密合論之十住心

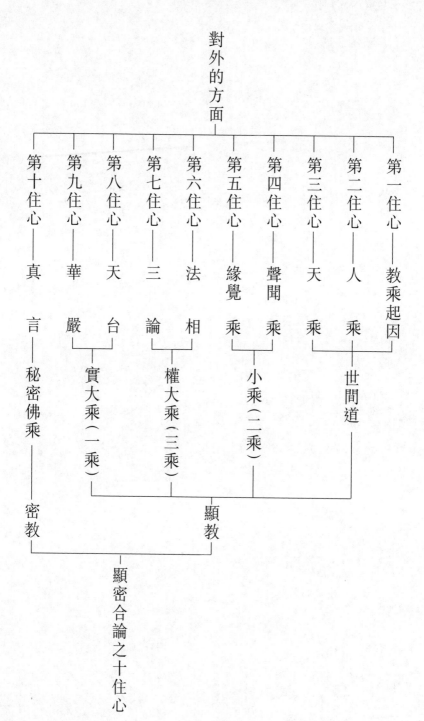

第十八章　達摩禪與真言宗

第十八章　達摩禪與真言宗

由榮西或道元傳到日本的臨濟或曹洞宗，勿論是在大師以後鎌倉時代成立的宗派，在大師之教判中雖無包含，成其基礎之達摩禪已在唐朝盛傳著，大師入唐時南嶽禪之百丈懷海或青原禪之藥山惟嚴等都大為達摩禪而宣揚，大師為專攻密教的立場，未經直接傳授，但在大唐亦親自接受禪風而有關心之處是不難想像的。

這是弘仁四年，叡山之傳教大師、最澄，為借覽《般若理趣釋》以寫得之請求的答書中云「密藏之奥旨不以得文為貴只在以心傳心」云。弘仁七年以修禪之道場而奏請賜地於高野山，「自古在日本於高山峻嶺缺四禪之客、幽藪窮嚴稀入定之賓、此因為禪教未傳入住處不相應之所致也」。等依之可思過半矣。勿論大師在此修禪，言以心傳心，當然不是指達摩禪，以心灌頂的秘密禪或密教獨特之五相成身觀的指摘為主，但將達摩禪入於考察時，可以說是將其精練淨化之上之物是鮮明的。

原來密教與達摩禪之關係，大概在正純密教傳來中國才開始的，其是屬於北宗禪，一行禪師之師的崇岳、會善寺之敬賢與善無畏三藏之對論有關禪的問題，西明寺之慧警筆錄之「善無畏禪要」就可以看出。

即依其無念無想為基調的達摩禪以上而明秘密禪之妙諦「初學之人多為起心動念而恐懼、絕其進求，以為完全是無念為究竟。但念有善念與惡念二種，不善之妄念勿論是要除，而善念決不可滅，真正要修行者，應增修正念，正至於究竟清淨才成。如人學射久習而純熟，念念而勤行住俱定，不怕起心、不畏生心，只恐有患於進學為是」云。

依此見之如是可以明白，此之《善無畏禪要》之秘密禪與達摩禪相似不是無相禪，以正念為對境的集中手段之有相禪，又以學射來譬喻上乃是漸漸修行積功，次第到達悟境為強調修為。有於神秀之北宗禪類似之點。

古來南頓北漸都同是第五祖、弘忍之門下，北宗禪之神秀即以《楞伽經》云「漸淨非頓、如菴羅果漸熟非頓也」以為基調「漸漸修學必到成佛」為主眼，反之南宗之禪祖的慧能，同是《楞嚴經》之云「明鏡頓現、日月頓照、藏識頓知、法佛頓輝」云之「四頓之列」或其他依《金剛般若經》不經修行之過程，直觀的、瞬間的而力說至證悟之境域。

對此之修行或準備，在南宗禪雖強調頓悟，亦決定不否拒，如其趙汴突然遇落雷而開悟、或德山吹滅燈火而大悟等等以其大悟之瞬間而言無論如何瞬間的或直觀的，頓悟是不違者，但自少至今不知行了幾多路徑而言，都非卒爾之大悟，以捨身命而探求，做工夫、參究道理、耐悶、惱而惱來的結果，所謂到了禪的發火點，其即不知謂甚麼機緣而爆發，豁然脫落小我而悟得大我而已，而通觀其前後始終時言漸修云頓悟都無大異者也。

其《無畏禪要》云有禪經驗之真相的描寫，修禪觀的當中，突然的契機之觸摸中，瞬間的宛如電光一樣，身心脫落現出悟境，但其是暫時而滅故云剎那心，此之體驗後念念加功，如流轉之相續者謂流注心云。更積功不止靈然明徹覺了身心輕泰而可翫味其境，此謂之甜美心，依此而起伏隱顯之心之動亂離散謂摧散心，離此散亂心達無染無著到鑒達明圓之境地謂明鏡心」。

言南頓之悟，亦不出此禪經驗之五種過程之剎那心。昔有云「見惑頓斷如破石」的境地，大概都不過此。其黃檗之師家「大悟十八遍、小悟不知數」亦是如此，依此思之南宗禪之頓悟以瞬間性為限亦有重操修練的必要。

臨濟宗或曹洞宗或黃檗宗即不問，無論如何都屬南頓禪之系統，極其一心之真相以活生生之姿去把握者也。其方法之禪是無相禪，其《傳心法要》云「動念即乖」或云「學道之人，若真下不能無心，雖累劫修行終不成道」云，如斯徹頭徹尾無念無想為基調者。然密教禪即不必恐其起心動念，以善念或正念集中於月輪或蓮花或金剛事物對象之上，以此為堅持為之特質。

此一行禪師而言，禪師參於北宗禪之祖，神秀之高弟的普寂，達到達摩禪之後就善無畏，金剛智之兩三藏學密教，特將其密教之根本經典《大日經》，就依善無畏之口說而撰述二十卷《大日經疏》。

其《大日經疏》中到處都以心宗或佛心宗自任，曜其禪風之光芒，對於說示密教精神時亦云「心自心證心自心覺」或云「自心起菩提，即心修萬行、見心之正等覺、證心之大涅槃，云之強調「心字」。又南宗禪之所依之經典《金剛般若經》之所謂「無所住而生其心」之語轉用之於《大日經》之「住心」之語作結釋者也。

對立，遼朝之覺苑即「一行禪師是《大日經》義釋，即作《大日經疏》、於南宗禪與北宗禪和會，而歸入密教之法界門」，如此禪師對於北宗禪與南宗禪都不厭地歸入秘密禪的樣子。

其是禪師由北宗禪出發而不拘，有著其不滿足之處，彼之慧持與慧忍與其兩比丘尼，都批評了普寂之一派的北宗禪云「所論未盡其義」而公言之時，普寂門下有不少激昂者排斥此兩比丘尼，只有禪師認同於此兩比丘尼，大為敬服，以此傳說都可思過半了。

於此禪師相同以秘密禪為立場的弘法大師，即以甚麼角度去看無念無想之達摩禪或取扱呢？大師與天台大師相同不將此達摩禪為教外別傳不立文字上公判，或說在其教判中，但認為「一心翫利刀是顯教、揮三密金剛是密教」云，以大師之判釋推之，此全心無相之達摩禪即屬顯教是不可置疑。

但是其顯教中攝於甚麼地位的問題，大師以前，已為華嚴之祖，且為荷澤派之禪祖之澄觀或宗密等，以此為頓教置於圓教之次位故，大師又各自以圓教任之。佔華嚴、天台之次位，所謂攝在三論宗之中的看法。從而在大師之十住心的第七住心即屬三論宗，其說明有「心王自在得本性之水，息心數客塵動濁之波，乃至悟心性之不生，如境智之不異」等都可以看做表示達摩禪之思想。

要之，禪宗言云教外別傳，不立文字，都不是完全沒有立文字的，只是滅情止念，要到悟境之上而言此者，以此為真言密教的立場為限，此即翫一心之利刀屬顯教，是迷情之遮遣，拂外塵為專一，不出三論宗之埒外者也。

第十九章　淨土教與真言宗

第十九章　淨土教與真言宗

藥師之淨土或阿閦之淨土或彌勒之淨土等凡是願求淨土之宗教為之淨土教，其範圍是極其廣漠者，但至今所謂淨土者主以阿彌陀如來之西方極樂淨土之願生的宗教為常習。現在傳播之融通念佛宗或淨土宗、淨土真宗都屬此。

此等之淨土教謂何比他之淨土更以特別為西方極樂淨土為主要強調者，即所謂此之極樂世界之教主的阿彌陀如來之願力，殊為廣大，攝取力優，生於五濁惡世末法之眾生而言，此淨土即最親切，尤以容易往生故云。

於真言宗並不是沒有說此西方極樂淨土，但此即不在大日如來之華花藏世界之外，其《秘藏記》云「此之華藏世界是在最上妙樂之中故，言極樂」，如此言極樂世界云華藏世界，都是異名同體而已，言西方、言十萬億土不外是方位或功德之標幟而已。要之，以觀點或以觀照之世界，不如其淨土教，以西方十萬億土之彼方有實在現實之世界的看法，即密教之特質也。

原來此淨土思想在小乘佛教無之，全是大乘佛教之中只有發生者。菩薩自己依修行而信成佛之可能性，同時成佛之曉擬建設各各之理想國，於其中完成一切眾生，所謂淨佛國土，基於成就眾生之誓願、種種樣樣之佛，於種種樣樣的方角，建設種種樣樣之淨土的思想都在種種之經典中說之。但其理想國之欲求逾熾盛，將來理想國的建設思想於此一轉，種種樣樣之佛已經成道，現在已經現了色色之現實淨土成攝引各各一切眾生的各種思想，至於一切眾生意願生此，所謂生起往生淨土思想了。

而將此淨土思想大別之，自正為建設淨土，所謂淨佛國土思想與已經由他建設成了的淨土願生，往生淨土者也。其中真言宗之淨土觀是屬前者，現有之淨土教即屬後者也。

此淨土往生之思想在印度成立者，大約在末法思想所負之處為多。於中國自北齊時此末法思想盛傳時，對此而醉心者輩出，特別即唐之道綽或善導等主張時教相應，正法像法已過，已是末法之今日眾生之機根漸次低下，成佛行證等到底是不可能，故鼓吹誰人都可入，可行的末世教法，勸說往生既成實在的西方極樂淨土往生，此在日本之良忍或法然或親鸞等之諸師繼續承此，各各開創一宗即今日淨土教也。

但我真言宗即如大師所云「人法即法爾也興廢何時、機根絕絕何分正像」而說之。完全立腳於常恆現在主義上不認如淨土教那樣的思想，同是西方極樂淨土，其看法不同，真言宗即為觀照之淨土，已心之淨土「三昧之法佛本具我心、乃至、安樂、覩史、本來胸中」以此大師之言而明者也。

而此觀照之世界以如何來顯現，或實在世界之淨土往生怎樣才可能的問題而言，這即以其淨土之教主的佛之專念憶念，即念佛為主眼也。其念佛亦即觀照世界之淨土觀即以佛之相好、德相、活動等一切方面去觀察思惟，《大智度論》云，初念佛十號、次念佛之三十二相、八十種好及神通功德力、次念佛之戒、定、慧、解脫、解脫知見、之五分法身、次又念佛之十八不共法等順序，其在《坐禪三昧經》即觀佛之形像的觀像念佛，為觀佛之相好而廣說實相念佛。

依此等之念佛、佛之姿能顯現行者之眼前，即所謂般舟三昧、又曰一切諸佛現前三昧、或云佛立三昧，共此佛俱觀見其背景的淨土的現前，乃是真言宗之道場觀也曼荼羅也。

其為往生西方十萬億土之實在淨土的念佛，最初都有觀其阿彌陀佛之形像，或相好，或實相而思念憶念為主要者，但中國之善導大師以《無量壽經》之「乃至十念」之文解為稱名念佛，以念佛之中此稱名念佛為最簡易行法，而有效果的見地上盛為鼓吹勸說及此稱名念佛即為淨土往生之正因正行，其他之事是助業不過是雜行也云。現在日本之淨土教亦繼承善導大師之稱名念佛以為往生極樂之正因正行。

弘法大師之後平安朝之末期至鎌倉時代日本之淨土教成立故，勿論其是大師之予想不到之處，其判教中無包括乃是當然之事了。但日本淨土教之源泉的善導系之淨土教，自古已在中國傳播，大師入唐當時，此善導系之淨土教繼承人法照之五會念佛非常盛行，又不空三藏之門下的飛錫對於密教思想或天台思想上攝取此淨土思想，著有《念佛三昧寶王論》，鼓吹淨土念佛，大師亦親為接此者得以想像也。飛錫之念佛思想，由普佛普敬的見地上，以一切眾生為未來佛而憶念禮拜，雖以願生極樂國土為提倡，這可以看為是心是佛之觀照淨土，完全於密教之曼荼羅思想合致，故大師亦以密教同一視之，都可以明白的，但法照等之善導系之淨土念佛思想，是如何視之、怎樣取扱呢？

此對大師之判教思想而言，其當時此善導系之淨土教，都未傳到日本故勿論沒有說明之必要，從而大師不取扱此，但依密教之見地來看，西方極樂世界之教主阿彌陀如來是大日如來之一德，掌一方面之佛，於密教彼之不空三藏云「此佛名無量壽如來，於淨妙佛國現成佛之身，住於雜染五濁惡世、變成觀自在菩薩」云，時而以阿彌陀即無量壽如來與觀自在菩薩同視。其大眾化通俗化，形式化之善導系之淨土教，即止於機械的力說稱名念佛，由此可以往生西方十萬億土之極樂世界，當處隨心所欲者，完全是利己主義之甚無如此者，與印度之生天教等並無不異，但此教門之施設者的善導大師的精神而言，以此稱名念佛而取除其根於小我之一切「計較心」，令其淨心為唯一條依阿彌陀如來之境地是在大師之十住心中，屬於第八住心的空性無境心或相當於一道無為心，大師以此為阿彌陀佛同體的觀自在菩薩之法門上來推時，此善導系之淨土教可以攝在第八住心了。

大師入定後天台宗之圓仁，法照將五會念佛傳入日本，於叡山建常行三昧堂，於此不斷念佛而大為宣傳。爾來經空也，源信至良忍對華嚴、天台之思想上攝取淨土念佛，稱為彌陀直授之法門「一人一切人，一切人一人，一行一切行，一切行一行，十界一念，融通念佛，億百萬遍，功德圓滿」八句為本，開創融通念佛宗，於津津浦浦盡弘通。

由此情勢所刺戟，我宗之覺鑁上人著了《五輪九字秘釋》或《阿彌陀秘釋》等書物以密教之見地力說淨土念佛，其後法然上人撰《選擇本願念佛集》開淨土之一宗，高野山正智院之道範又著「秘密念佛抄」三卷，由此明其淨土念佛與密教之立場。

第二十章 真言教學之歸結

第二十章 真言教學之歸結

真言教學是甚麼，以種種角度來考察之結果，結論是要發見真我為其出發點，生於其真我的完全如實之生才是其總歸結。其《大日經》云「云何為覺，曰如實知自心也」云。即發見內面真正之我為主要目的，大師以此謂內外而展開二面，「究竟覺知自心之源底，如實證悟自身之數量」云者即不外是體驗此自身的真正之我也。

此全身全靈而體驗真我為生於如實、於寢於覺不得忘記此真我為何物，以無疑而成為真實之物，安住心於其上為必要，此《大日經》云住心、禪與淨土為安心稱之。

此安心或住心即心安於一定對象故，其所安住之對象是不得有疑而予以肯定，有此承認之心才成。此即是信心的同時，若無對其信心，雖言安心，安住都失去其安住之據點，言住心云安心，有信心為主，其上謂信心、住心、云安心，總之都是同一過程之心現象也。

如病人依醫藥而信之安心，貧乏人得金錢而安心，信其醫藥對病有效驗，信金錢能救得貧乏故也。單的安心不必一定依宗教一樣，單的信是在實在生活的遍一切處而存在的，亦是廣大地展開其心理現象的，夫妻、兄弟、朋友等所有一切人之間，若無相信之心理現象，即無法真正的家庭生活與社會生活也。

此信之心於宗教上表現時即所謂信仰或云仰信，其是將對象為真實之物而信之，並非信而已，以為尊重之物，聖的物，感謝之物，予以贊仰、崇敬、歸依、非去禮拜不可。

其處才有宗教的信仰之特質，當處亦才能超越所有一切之對象，以絕對者的真我，於信仰上所仰與能仰之物，或現實與理想之對立之姿，所置之仰者自為現實之凡夫，所仰之理想體為有靈格之佛，以之歸依贊仰，由此才能被其攝取包容，及其理想物的佛合一。

此超越對立的絕對者之真我，即成凡聖對立之姿時，應通其對立才能再見凡聖合一之境界，於此處才有生命體的真我之妙諦，真我即真的寶貴而感謝的至尊至聖之物，亦可以發揮本來的真面目了。

從而照一切，生一切的大生命體之真我上去安住其心，真言宗即曰住心，或云安心，不但信其對象之存在而已，其是具有靈格的大日如來，垂其攝取之手，包容我們救濟我們，深感難得尊貴的聖者之處，才有宗教心的信仰力湧出。依此而言，於真言宗為生於真我者，起碼要信仰具有靈格之佛以為實在的存在者之心，以全身奉獻其全靈、深信地皈依此，才能於真實境地上去入住安心住心了。同時更進而為其住心或云安心之堅實，亦必需對真言宗的有關之理解，次以次之漸漸非去深入不可。這些必要有敬虔的疑念及大疑來。此乃是佛之靈格，教說等為純正，全的信此，為自己之力的不足處，不明瞭的點或不審之個所都會出來，起了種種的疑念。

此大疑決不會破壞信仰，更能加強信此之疑點，否即無法突破疑念，若無此疑緣亦決定不能產生理解。而佛教經典往往稱揚此疑，「薄福之人即不生疑、能生疑者必破諸有(迷)」云。又「有疑皆即聞法，聞後意解之即得開悟，開悟已即生信心」而說云。

如斯以大疑為基本，思而考之，疑加疑的結果，到了思考路絕的最後決著點，某處拂落了一切之抽象的概念或「計議」心，此完全脫落之處，芽生的確信，或入信解之境地。其善無畏三藏云「有一事之真實不虛者，我即此也，我即此者在我決定即法界之諦信」之境地也。

真言宗之住心或云安心即基於證解我即法界也。貫天地遍滿法界之大我，即大生命體之真我為其對象故，在此上這些現實的凡夫我們，當體即是聖者的佛了，此古來謂凡聖不二之安心。

但此「自己是佛是法界」的自信之覺醒，因為自己是佛故，非去作佛的活動行為不可，不成佛心的所有者不可。當時自然對自己之人格會向上，又於外界之一切物悉為真我而信其是佛之表現，亦能得對一切所有物不輕賤，以對佛同等的信念，禮拜他之一切而供養者也。

而此我人自信是佛的同時亦敬仰他之一切為佛，不得自厭自卑陷於無生氣，又輕賤一切而貢高自己，以一切為佛與佛之交涉關連，生於家庭、國家、社會之安全之處，才是充實莊嚴真我之內容。此乃只是映於心眼的神秘妙動故，大師以此謂秘密莊嚴之住心、或云安心。（是大安心非小我之自私安心）

第二十一章 法爾自然之經典

第二十一章　法爾自然之經典

人住於此對立之世界為限，都有種種之不滿或不安或苦，住此多惱不完全的對立世界，而不被其囚於是超越解脫之對於事物之看法想法處理方法予以一轉之處，起初才能開展宗教之世界，於苦中忘苦，以苦為創造樂之前提，於不安中去發見平安與歡喜，才能沐於法悅之中也。

此宇宙自然即是生命體的真我之表現，這當體即法身佛之姿，但一般實際遇到洪水或地震或火災，身處其中連自己之生命都危險的時候，當處都沒有認定佛姿之餘閑時間，只歎自然之威暴的偉大，而對此之自己深感如何地遇到慘淡之存在外，只向天空歎聲無賴而已。

但將其危險脫身，心惶暫次平靜還歸原來，反省而改變其看法與想法，其洪水、地震、火災悉是為自己之誡鞭，叫醒自己本身的警鐘，有此反省的內心啟示，其處才有輝煌的慈光照曜深感溫馨，而認見佛之姿態在內心顯現，見出包在法悅中的自己。

「若無行寒熱地獄的茶柄杓即無苦」，無論遭遇甚麼逆境困難，其心不被其囚，一切苦難逆境當處不動心思而當相展示之受之，以為共私業之現行不平即逆天的心態安之，此處亦才有有宗教之自覺與安心立命，才能生於真我之中。

住此宗教的體驗開了心眼，大觀此宇宙自然之實相時，才可以見到其宇宙全一之代表者，毘盧遮那，即大日如來坐鎮於宇宙中心，將其宇宙內容之一事一物，恰似雨足地無盡無數，無一不是補翼全一協助生其物的眷屬，此大師說明之「眷屬猶如雨足，遮那坐中央，遮那是誰，此原是我之心王也」云云。

此大如宇宙小如微塵之真我的心王大日如來，作真言宗之教主而「身遍塵剎、心等太虛」云者，又以「以法界為體、以虛空為佛心」，此貫天地宇宙恰如太陽無所不遍、無論何時何處都示現種種身，以種種聲間與意近，對種種樣樣之物說種種不同之說法。此即身語意之無盡莊嚴也。是其三密活動，於色聲香味觸法之六塵世界常恆地說法。

此大師云「六塵悉文字，法身此實相也」。又「三密遍剎塵，虛空飾道場」云。而心眼所照之處，此天地自然之活動當體即法身常恆之說法也，同時亦是法爾自然之經典常體。此大師又說明之「以大山為筆，以大海為水，而書留者即宇宙自然之經典，以天地為其容箱也」云。

無論如何天地萬有之姿是即含於阿字之一點象徵本來不生，色聲香味觸法之六塵之動態當體為其內容者即法爾自然之經典也。其物宛如谷響之相應，為依應見聞之人心，或說或默都無不破了人之迷惑者也。

其「無音，無香，常恆的天地是在翻操不書之經」，此宇宙自然之動態當體即法爾自然之經典故，人若開了心眼來對此天地自然時，就當處聞到法身之說法，能夠讀著宇宙自然之經典。又蘇東坡云「溪聲廣長舌，山色無非清淨身，夜來八萬四千偈，他日對人何舉示」云者，亦不過同是漏此消息而已。

著此書之天地自然經典謂之法爾常恆之經本，開了心眼得讀此書之者，為傳此其神秘妙趣，才以世間之普通文字將來種種加工考案，為令得理解起見而書寫記述者，即現在世間所流傳之《大日經》或《金剛頂經》等之秘密經典，此為流布經典云，亦為分流之經本也。

此於其《大日經》云「等正覺之一切智者，一切之見者，出現時，從其法性以種種道與種種施作，隨種種所有眾生之樂欲，以種種語與種種文字與種種隨方言語與種種母音之中去加持令得了解說此真言道」云。

開此心眼讀得此法爾自然之經本能如實而讀之的智者，一切的見者出現此世時，即將其法性的法爾自然之實相，令得當相而得了解理會起見，活用了種種之音聲文字，令能宣説者即是此真言道也、真言密教者也。

為令此旨趣的明瞭，大師即著了「聲字實相」一卷，以特種之音聲文字，來將此法爾自然之實相無誤地以實相來表示，示其自創之真言宗真相。

即由此可知，如來之説法必需依音聲文字，而其聲字之存在意義是在何處而言，即在於見聞觸知之六塵世界與以如實地説明之處。其之六塵世界之真相是如何問題，此乃法身佛的生命體之法身佛之身語意的三方面之神秘活動，即三密之動態也。如實了解理會此者即佛也。對此迷者即眾生也。其眾生痴暗而不能自己悟此實相故，已經覺知之如來即用種種方便去加工夫示其歸趣之道。

但由此為其使用之聲字中，自有真妄之別，即所謂現今未得開心眼的地獄、餓鬼、畜生、修羅、人、天、聲聞、緣覺、菩薩之九界，以用之聲字是以對立為本的假設者，不得真接示其法爾自然之實相當體故屬妄，只有開了心眼之佛才能使用實相當體來表示其真實故，以此真實語、法爾自然之實相，現有之當相來示者即真言密教也。

其真言密教成為基本而以其佛之真實語書寫者，即分流之《大日經》及《金剛頂經》也。而其等依此等之經典所提撕而開心眼者即將其耳澄之非去讀法爾自然之經典不可也。

真言宗有關之經典很多請學者自尋究研，此處不及簡介，特此示歉。

附錄一：《一真法句淺説》
悟光上師《證道歌》

一真法句淺說

嗡乃曠劫獨稱真，六大毘盧即我身，時窮三際壽無量，

體合乾坤唯一人。文

嗡又作唵，音讀嗡，嗡即皈命句，即是皈依命根大日如

來的法报化三身之意，法身是體，报身是相，化身是用，

法身的體是無形之體性，报身之相是無形之相，即功能或

云功德聚，化身即體性中之功德所顯現之現象，現象是體

性功德所現，其源即是法界體性，这體性亦名如來德性，

佛性，如來即理體，佛即精神，理體之德用即精神，精神

即智，根本理智是一綜合體，有體必有用，現象万物是法

界體性所幻出，所以現象即实在，當相即道。宇宙万象無

一能越此，此法性自曠劫以來獨一無二的真实，故云曠劫

独稱為。此体性的一中有六種不同的性質，有堅固性即地、地無非一味，其中還有無量無边屬堅固性的原子、綜合其堅固性假名為地。是遍法界無所不至的，故云地大。其次屬於濕性的無量無边德性名水大，屬於煖性的無量無边德性名火大，屬於動性的無量無边德性曰風大，屬於容納無碍性的曰空大。森羅万象，一草一木、無論動物植物礦物完全具足此六大。此六大之總和相涉無碍的德性遍滿法界、名摩訶毘盧遮那，即是好像日光遍照宇宙一樣，翻謂大日如来。吾們的身体精神都是祂幻化出来，故云六大毘盧即我身。這毘盧即是道，道即是創造万物的原理，當然万物即是道体。道体是無始無終之灵体，沒有時間空間之分界，是沒有過去現在未来，沒有東西南北，故云時窮三陈的無量寿命者，因祂是整個宇宙為身，一切万物的新陳代謝為命，永遠在創造為祂的事業，祂是独单的不死人，祂以無量時空為身，沒有與第二者同居，是個绝对孤单的老人，故曰体合乾坤唯一人。

虛空法界我独步，森羅万象造化根，宇宙性命元灵祖，光被十方無故新。文

祂在這無量無边的虛空中自由活动，我是祂的大我法身位，祂容有無量無边的六大体性，祂有無量無边的心王心所，祂有無量無边的万象种子，祂以蒔种，以各不同的种子與以滋潤，普照光明，使其現象所濃縮之种性與以展現成為不同的万物，用祂擁有的六大為其物体，用祂擁有的叡智精神（生其物）令各不同的万物自由生活，是祂的大慈大

悲之力，祂是万象的造化之根源，是宇宙性命的大元灵之祖，万物生從何來？即從此來，死從何去？死即歸於彼處，祂的本身是光，万物依此光而有，但此光是窮三際的無量壽光，這光常住而遍照十方，沒有新舊的差別。凡夫因執於時方，故有過去現在未來的三際，有東西南北上下的十方觀念，吾人若住於虛空中，即三際十方都沒有了，物質在新陳代謝中凡夫看來有新舊交替，這好像機械的水箱依其循環，進入來為新，排出去為舊，根本其水都沒有新舊可言。依代謝而有時空，有時空而有壽命長短的觀念，人們因有人法之執，故不能窺其全体，故迷於現象而常沉苦海無有出期。

隱顯莫測神最妙，璇轉日月貫古今，貪瞋煩惱我密號，

生殺威權我自興文

毘盧遮那法身如來的作業名羯磨力，祂從其所有的種子注予生命力，使其各類各各需要的成分發揮變成各具的德性呈現各其本誓的形體及色彩，味道，將其遺傳基因寓於種子之中，使其繁衍子孫，這源動力還是元靈祖所賜。故在一期一定的過程後而隱沒，種子由代替前代而再出現，這種推動力完全是大我靈體之羯磨力，凡夫看來的確太神奇了，太微妙了。不但造化万物，連太空中的日月星宿亦是祂的力量所支配而運行不休息，祂這樣施與大慈悲心造宇宙万象沒有代價，真是父母心，吾們是祂的子孫，卻不能荷負祂的使命施與大慈悲心，違逆的衆生真是辜負祂老人家的本誓的大不孝之罪。祂的大慈悲心是大貪，衆生本負祂的本誓、祂会生氣、這是祂的大慈、但衆生還在不知不覺的行為中、如有怨嘆、祂都不理而致之、這是賜我們衆生好了也生活着、這是祂的大癡、這貪瞋癡是祂的心理祂本有的德性、本來具有的、是他的密號。祂在創造中不斷地成熟衆生的成熟。如菓子初生的時只有發育、不到成熟不能食、故未成熟的菓子是苦澁的、到了長大時必須使其成熟、故應用以殺氣才能成熟、有生就應有殺、加了殺氣之後成熟了、菓子就掉下來、以世間看來是死、故有生必有死、這種生殺的權柄是祂獨有、萬物皆然、是祂自然興起齡、故云生殺威權自興。祂恐怕祂創造無窮、不斷地動祂的腦筋便是創造不空成就、這些都是祂為衆生的煩惱這煩惱還是祂老人家的本誓云密號、本有功德也。

六道輪迴戲三昧，三界唯納在一心，魑魅魍魎邪精怪，
妄為執着意生身。」文
大我体性的創造中有動物植物礦物，動物有人類、禽獸
、水族、蟲類等具有感情性欲之類，植物乃草木具有繁
子孫之類、礦物即礦物之類。其中人類的各種機能組織特
別靈敏，感情愛欲思考經驗特別發達，故為萬物之靈長、
原始時代大概相安無事的、到了文明發達就創了禮教，有
了禮教抑將教化使其反樸歸真、創了教條束縛其不致出規
守其本分、卻成其反造成越規了、這礼教包括一切之法律
、法律並非道之造化法律、故百密一漏之處在所難免、有
的法律是保護帝王萬世千秋不被他人違背而設的，不一定
對於人類自由思考有幫助，所以越嚴格越出規，所以古人

說訛出有大偽、人類越文明越不守本分，欲望橫飛要衝出自由，自由是万物之特權之性。因此犯了法律就成犯罪，罪是法沒有自性的，看所犯之輕重論處，或罰款或勞役或坐牢，期間屆滿就無罪了。但犯了公約之法律或逃出法網不被發現，其人必會悔而自責，誓不復犯，那麼此人的心意識就有洗滌潛意識的某程度，此人必定還會死後再生為人。若不知懺悔但心中還常感苦煩，死後一定墮地獄，若犯罪畏罪而逃不敢面對現實，心中恐懼怕人發見，這種心意識死後會墮於畜生道。若人欲望熾盛欲火沖冠，死後必定墮入餓鬼道。若人作善意欲求福報死後會生於天道。人心是不定性的，所以在六道中出沒沒有了時，因為它是凡夫不悟真理才會感受苦境。苦樂感受是三界中事，若果修彻悟了道之本體，与道合一，入我我入，成為乾坤一人的境界，向下观此大道即是虚出發的現像，都是大我的三昧遊戲吧了。能感受所感受的三界都是心，不但三界，十界亦是心。故三界匯納在一心。魑魅魍魎邪精怪是山川木石等孕育天地之灵气，然後受了动物之精液幻成，受了人之精液即能变為人形，受了猴之精液变猴，其他類推，這種怪物即是魔鬼，它不会因过失而懊悔，任意胡為，它的心是是一种执着意识，以其意而幻形，此名意成身，幻形有三條件，一是幽質，二是念朔材質，三是物質，比如說我們要画图，在紙上先想所画之物，這是幽質，未动筆時紙上先有其形了。其次提起鉛筆繪個形記稿，此即念朔材質，次取来彩色塗上，就變成立體之相，都可亂真了。

瘖啞聾殘廢疾、痲瘋纏縛自迷困，心生覺了生是佛，心佛未覺佛是生」文

人們自出生時或出生了後，罹了瘖啞、或眼盲、或耳聾或殘廢疾病、都由前生所作的心識有關，過去世做了令人憤怒而被打了咽喉、或眼目、或殘廢，或致了痛入膏肓而死，自己還不能懺悔，心中常存怨恨，這种潛意識帶來轉生，其遺伝基因被其破壞，或在胎內或出生後会現其相。前生若能以般若來觀照五蘊皆空，即可消除前愆甚至解縛証道，眾生因迷於宇宙真理，執着人法故此也。人們的造惡業亦是心，心生執着而不自覺即迷沉苦海，若果了悟此心本來是佛性，心生迷境而能自覺了，心即回歸本來面目，那個時候迷的眾生就是佛了。這心就是佛，因眾生迷而

不覺故佛亦是眾生，是迷悟之一念間，人們應該在心之起念間要反觀自照以免隨波着流。

罪福本空無自性，原來性空無所憑，我道一覺超生死，慧光朗照病除根。（文）

罪是違背公約的代價，福是善行的人間代價，這都是人我之間的現象界之法，在佛性之中都沒有此物，六道輪迴之中的諸心所法是人生舞台的法，人們只迷於舞台之法，未透視演戲之人，戲是假的演員是真的，任你演什麼奸忠角色，對於演員本身是毫不相關的，現像無論怎麼演變，其本來佛性是如如不動的，所以世間之罪福無自性，原來其性本空，沒有什麼法可憑依。戲劇中之盛衰生死貪富根本無佛性的演員都沒有一回事，法華經中的譬喻品有長者子的寓意故事，有位長者之子本來是無量財富，因出去玩要被其他的孩子帶走，以致迷失不知回家，成為流浪兒，到了長大還不知其家，亦不認得其父母，父母還是思念，但迷兒漸漸了終於受傭於其家為奴，双方都不知是父子関係，有一天來了一位和尚，是有神通的大德，對其父子說你們原來是父子，那個時候當場互為相認，即時回復父子関係，子就可以継承父親的財產了。未知之前其子還是貧窮的，了知之後就成富家兒了。故喻迷沉生死苦海的衆生若能被了悟的大德指導，一覺大我之道就超生死迷境了。了生死是了解生死之法本來迷境、迷了情就是智慧，智慧之光朗照，即業力的幻化迷境就消失，病魔之根就根除了、阿字門中本不生、吽開不二絕思陳、五蘊非真業非有、

能所俱泯斷主賓

文

阿字門即是涅槃體，是不生不滅的佛性本體，了知諸法自性本空沒有實体，眾生迷於人法，金剛般若經中說的四相，我相、人相、眾生相、壽者相，凡夫迷着以為實有，四相完全是戲論，佛陀教吾們要反觀內照，了知現象即實在，要將現象融入真理，我與道同在，我與法身佛入我我入成為不二的境界，這不二的境界是絕了思考的，滅了妄譯念頭，靈明獨耀之境界，所有的五蘊是假的，這五蘊堅固就是世間所云之靈魂，有這靈魂就要輪迴六趣了，有五蘊就有能思與所思的主賓關係，變成心所諸法而執着，能所主賓斷了，心如虛空，心如虛空故與道合一，即時回歸不生不滅的阿字門，不然的話，迷着於色聲香味觸之法而認為真，救生把貪愛、瞋恚、愚癡等蓋佛性，把了生死苦樂感受，諸法是戲論，佛性不是戲論，佛陀教示們不可認賊為父。

了知三世一切佛、應觀法界性一真、一念不生三三昧、
我法二空佛印心。文

應該知道三世一切的覺者是怎樣成佛的，要了知一個諸的密觀這法界森羅萬象是一真實的涅槃性所現，這是過去佛現在佛未來佛共同所修觀的方法，一念生萬法現，一念若不生就是包括了無我、無相、無願三種三昧，這種三昧是心空，不是無知覺，是視之不見、聽之不聞的靈覺境界此乃一真法性當體之狀態，我執法執俱空即是入我我入、佛心即我心、我心即佛心。達到這境界即入禪定，禪是佛

定是心不起，二而一，眾生與佛。釋迦拈花迦葉微笑印此端的，因為迦葉等五百羅漢，均是不發大心的外道思想意識潛在，故開了方便手指畢波羅花輾動，大眾均不知用意，但都啞然一念不生注視着，這端的當體即佛性本來面目，可惜錯過機會，只有迦葉微笑表示領悟，自此別開一門的無字法門禪宗，見性了徹不能發大心都是獨善其身的自了漢。

菩薩金剛眷屬，三緣無住起悲心，天龍八部隨心所，神通變化攝鬼神。文

羅漢在高山打蓋睡，菩薩落荒草，佛在世間不離世間覺，羅漢入定不管世事眾生死如在高山睡覺，定力到極限的時候就醒來，會起了念頭，就墮下來了。菩薩是了悟眾生

本質即佛德、已知迷是苦海、覺悟即極樂、菩薩已徹底了悟了、它就不怕生死、為惑潤生、拯救沉沒海中的眾生、如人已知水性了、入於水中會游泳，苦海變成泳池、眾生是不知水性故會沉溺。菩薩入於眾生群中、猶如一支好花入於蔓草之中、鶴立雞群、一支獨秀。佛世間、眾生世間、器世間、都是法界佛性所現、在世間覺悟道理了、就是佛、所以佛在世間並無離開世間。佛是世間眾生的覺悟者菩薩為度眾生而開方便法門、但有頑固的眾生不受教訓、菩薩就起了忿怒相責罰、這就是金剛、這是大慈大悲的佛心所變之心所．其實即佛、心王心所是佛之眷屬、這種大慈大悲的教化眾生之心所、是沒有能度所度及功勞的心無住生心、歸納起來菩薩金剛都是大悲毘盧遮那之心。

此心印佛心，要度天或鬼神就要化同其趣。如天要降雨露均諸法界眾生，就要天龍，要守護法界眾生就要八部神將，都是大日如來心所所流出的。祂的神通變化是莫測的，不但能度的菩薩金剛、連鬼神之類都是毘盧遮那普門之一德、普門之多的總和印總持，入了總持即普門之總具備、這總持印是心。

無限色聲細密相，文賢加持重重身，聽我法句認諦理、一轉彈指立歸真。（文）

心是宇宙心，心包太虛，太虛之中有無量基因德性，無量基因德性印普門，色即現前之法，聲即法相之語，語即道之本體，有其聲必有其物，有其物即有其色相，無限的基因德性，顯現無限不同法相，能認識之本體即佛性智德、顯現諸相之理即理德、智法曰文殊、理德曰普賢，法界之森羅万象即此理智冥加之法，無量無邊之理德及無量無邊之智法，無論一草一木都是此物譯重重冥加的總和，如是基因法性之不同，顯現之物或法都是各了完成其任務之相，若不如是万物即呈現清一色、一味、一相，都沒有各各之使命標幟了。這無限無量的基因德性曰功德，這功德都藏於一心之如來藏中，凡夫不知故認後天收入的塵法為真，將真當假合聲，識為所顛倒誤，有此沉迷三界苦海了。人們若了解了這道理而覺悟，即不執于塵立地成佛了。

附錄一：《一真法句淺說》—悟光上師《證道歌》

【全文】

嗡乃曠劫獨稱真，六大毘盧即我身，時窮三際壽無量，體合乾坤唯一人。
虛空法界我獨步，森羅萬象造化根，宇宙性命元靈祖，光被十方無故新。
隱顯莫測神最妙，璿轉日月貫古今，貪瞋煩惱我密號，生殺威權我自興。
六道輪回戲三昧，三界匯納在一心，魑魅魍魎邪精怪，妄為執著意生身。
喑啞蒙聾殘廢疾，病魔纏縛自迷因，心生覺了生是佛，心佛未覺佛是生。
罪福本空無自性，原來性空無所憑，我道一覺超生死，慧光朗照病除根。
阿字門中本不生，吽開不二絕思陳，五蘊非真業非有，能所俱泯斷主賓。
了知三世一切佛，應觀法界性一真，一念不生三三昧，我法二空佛印心。
菩薩金剛我眷屬，三緣無住起悲心，天龍八部隨心所，神通變化攝鬼神。
無限色聲我實相，文賢加持重重身，聽我法句認諦理，一轉彈指立歸真。

【釋義】

嗡乃曠劫獨稱真，六大毘盧即我身，時窮三際壽無量，體合乾坤唯一人。

嗡又作唵，音讀嗡，嗡即皈命句，即是皈依命根大日如來的法報化三身之意，法身是體，報身是相，化身是用，法身的體是無形之體性，報身之相是無形之相，即功能或云功德聚，化身即體性中之功德所顯現之現象，現象是體性功德所現，其源即是法界體性，這體性亦名如來德性、佛性，如來即理體，佛即精神，理體之德用即精神，精神即智，根本理智是一綜合體，有體必有用。現象萬物是法界體性所幻出，所以現象即實在，當相即道。宇宙萬象無一能越此，此法性自曠劫以來獨一無二的真實，故云曠劫獨稱真。此體性的一中有六種不同的性質，有堅固性即地，地並非一味，其中還有無量無邊屬堅固性的原子，綜合其堅固性假名為地，是遍法界無所不至的，故云地大。其次屬於濕性的無量無邊德性名水大，屬於煖性的無量無邊德性名火大，屬於動性的無量無邊德性曰風大，屬於容納無礙性的曰空大。森羅萬象，一草一木，無論動物植物礦物完全具足此六大。此六大之總和相涉無礙的德性遍滿法界，名摩訶毘盧遮那，即是好像日光遍照宇宙一樣，翻謂大日如來。吾們的身體精神都是祂幻化出來，故云六大毘盧即我身，這毘盧即是道，道即是創造萬物的原理，當然萬物即是道體。道體是無始無終之靈體，沒有時間空間之分界，是沒有過去現在未來，沒有東西南北，故云時窮三際的無量壽命者，因祂是整個宇宙為身，一切萬物的新陳代謝為命，永遠在創造為祂的事業，祂是孤單的不死人，祂以無量時空為身，沒有與第二者同居，是個絕對孤單的老人，故曰體合乾坤唯一人。

虛空法界我獨步，森羅萬象造化根，宇宙性命元靈祖，光被十方無故新。

祂在這無量無邊的虛空中自由活動，我是祂的大我法身位，祂容有無量無邊的六大體性，祂有無量無邊的心王心所，祂有無量無邊的萬象種子，祂以蒔種，以各不同的種子與以滋潤，普照光明，使其現象所濃縮之種性與以展現成為不同的萬物，用祂擁有的六大為其物體，用祂擁有的睿智精神（生其物）令各不同的萬物自由生活，是祂的大慈大悲之力，祂是萬象的造化之根源，是宇宙性命的大元靈之祖，萬物生從何來？即從此來，死從何去？死即歸於彼處，祂的本身是光，萬物依此光而有，但此光是窮三際的無量壽光，這光常住而遍照十方，沒有新舊的差別。凡夫因執於時方，故有過去現在未來的三際，有東西南北上下的十方觀念，吾人若住於虛空中，即三際十方都沒有了。物質在新陳代謝中凡夫看來有新舊交替，這好像機械的水箱依其循環，進入來為新，排出去為舊，根本其水都沒有新舊可言。依代謝而有時空，有時空而有壽命長短的觀念，人們因有人法之執，故不能窺其全體，故迷於現象而常沉苦海無有出期。

隱顯莫測神最妙，璿轉日月貫古今，貪瞋煩惱我密號，生殺威權我自與。

毘盧遮那法身如來的作業名羯磨力，祂從其所有的種子注予生命力，使其各類各各需要的成分發揮變成各具的德性呈現各其本誓的形體及色彩、味道，將其遺傳基因寓於種子之中，使其繁愆子孫，這源動力還是元靈祖所賜。故在一期一定的過程後而隱沒，種子由代替前代而再出現，這種推動力完全是大我靈體之羯磨力，凡夫看來的確太神奇了、太微妙了。不但造化萬物，連太空中的日月星宿亦是祂的力量所支配而璿轉不休息，祂這樣施與大慈悲心造宇宙萬象沒有代價，真是父母心，吾們是祂的子孫，卻不能荷負祂的使命施與大慈悲心，迷途的眾生真是辜負祂老人家的本誓的大不孝之罪。祂的大慈悲心是大貪，眾生負祂的本誓，祂會生氣，這是祂的大瞋，但眾生還在不知不覺的行為中，如有怨嘆，祂都不理而致之，還是賜我們眾生好好地生活著，這是祂的大癡，這貪瞋癡是祂的心理、祂本有的德性，本來具有的、是祂的密號。祂在創造中不斷地成就眾生的成熟。如菓子初生的時只有發育，不到成熟不能食，故未成熟的菓子是苦澀的，到了長大時必須使其成熟故應與以殺氣才能成熟，有生就應有殺，加了殺氣之後成熟了，菓子就掉下來，以世間看來是死，故有生必有死，這種生殺的權柄是祂獨有，萬物皆然，是祂自然興起的，故云生殺威權我自興。祂恐怕其創造落空，不斷地動祂的腦筋使其創造不空成就，這些都是祂為眾生的煩惱。這煩惱還是祂老人家的本誓云密號，本有功德也。

六道輪回戲三昧，三界匯納在一心，魑魅魍魎邪精怪，妄為執著意生身。

大我體性的創造中有動物植物礦物，動物有人類，禽獸，水族，蟲類等具有感情性欲之類，植物乃草木具有繁衍子孫之類，礦物即礦物之類。其中人類的各種機能組織特別靈敏，感情愛欲思考經驗特別發達，故為萬物之靈長，原始時代大概相安無事的，到了文明發達就創了禮教，有了禮教擬將教化使其反璞歸真，創了教條束縛其不致出規守其本分，卻反造成越規了，這禮教包括一切之法律，法律並非道之造化法律，故百密一漏之處在所難免，有的法律是保護帝王萬世千秋不被他人違背而設的，不一定對於人類自由思考有幫助，所以越嚴格越出規，所以古人設禮出有大偽，人類越文明越不守本分，欲望橫飛要衝出自由，自由是萬物之特權之性，因此犯了法律就成犯罪。罪是法沒有自性的，看所犯之輕重論處，或罰款或勞役或坐牢，期間屆滿就無罪了。但犯了公約之法律或逃出法網不被發現，其人必會悔而自責，誓不復犯，那麼此人的心意識就有洗滌潛意識的某程度，此人必定還會死後再生為人，若不知懺悔但心中還常感苦煩，死後一定墮地獄，若犯罪畏罪而逃不敢面對現實，心中恐懼怕人發現，這種心意識死後會墮於畜生道。若人欲望熾盛欲火衝冠，死後必定墮入餓鬼道。若人作善意欲求福報死後會生於天道，人心是不定性的，所以在六道中出歿沒有了時，因為它是凡夫不悟真理才會感受苦境。苦樂感受是三界中事，若果修行悟了道之本體，與道合一入我我入，成為乾坤一人的境界，向下觀此大道即是虛出歿的現象，都是大我的三昧遊戲罷了，能感受所感受的三界都是心，不但三界，十界亦是心，故三界匯納在一心。魑魅魍魎邪精怪是山川木石等孕育天地之靈氣，然後受了動物之精液幻成，受了人之精液即能變為人形，受了猴之精液變猴，其他類推，這種怪物即是魔鬼，它不會因過失而懺悔，任意胡為，它的心是一種執著意識，以其意而幻形，此名意成身，幻形有三條件，一是幽質，二是念朔材質，三是物質，比如說我們要畫圖，在紙上先想所畫之物，這是幽質，未動筆時紙上先有其形了，其次提起鉛筆繪個形起稿，此即念朔材質，次取來彩色塗上，就變成立體之相，幾可亂真了。

喑啞蒙聾殘廢疾，病魔纏縛自迷因，心生覺了生是佛，心佛未覺佛是生。

人們自出生時或出生了後，罹了喑啞、或眼盲、或耳聾或殘廢疾病，都與前生所作的心識有關，過去世做了令人憤怒而被打了咽喉、或眼目、或殘廢、或致了病入膏肓而死，自己還不能懺悔，心中常存怨恨，這種潛意識帶來轉生，其遺傳基因被其破壞，或在胎內或出生後會現其相。前生若能以般若來觀照五蘊皆空，即可洗滌前愆甚至解縛證道，眾生因不解宇宙真理，執著人法故此也。人們的造惡業亦是心，心生執著而不自覺即迷沉苦海，若果了悟此心本來是佛性，心生迷境而能自覺了，心即回歸本來面目，那個時候迷的眾生就是佛了。這心就是佛，因眾生迷而不覺故佛亦變眾生，是迷悟之一念間，人們應該在心之起念間要反觀自照以免隨波著流。

罪福本空無自性，原來性空無所憑，我道一覺超生死，慧光朗照病除根。

罪是違背公約的代價，福是善行的人間代價，這都是人我之間的現象界之法，在佛性之中都沒有此物，六道輪迴之中的諸心所法是人生舞台的法，人們只迷於舞台之法，未透視演戲之人，戲是假的演員是真的，任你演什麼奸忠角色，對於演員本身是毫不相關的，現象無論怎麼演變，其本來佛性是如如不動的，所以世間之罪福無自性，原來其性本空，沒有什麼法可憑依。戲劇中之盛衰生死貧富根本與佛性的演員都沒有一回事。《法華經》中的〈譬喻品〉有長者子的寓意故事，有位長者之子本來是無量財富，因出去玩耍被其他的孩子帶走，以致迷失不知回家，成為流浪兒，到了長大還不知其家，亦不認得其父母，父母還是思念，但迷兒流浪了終於受傭於其家為奴，雙方都不知是父子關係，有一天來了一位和尚，是有神通的大德，對其父子說你們原來是父子，那個時候當場互為相認，即時回復父子關係，子就可以繼承父親的財產了。未知之前其子還是貧窮的，了知之後就成富家兒了，故喻迷沉生死苦海的眾生若能被了悟的大德指導，一覺大我之道就超生死迷境了。了生死是瞭解生死之法本來迷境，這了悟就是智慧，智慧之光朗照，即業力的幻化迷境就消失，病魔之根就根除了。

阿字門中本不生，吽開不二絕思陳，五蘊非真業非有，能所俱泯斷主賓。

阿字門即是涅盤體，是不生不滅的佛性本體，了知諸法自性本空沒有實體，眾生迷於人法，《金剛般若經》中說的四相，我相、人相、眾生相、壽者相，凡夫迷著以為實有，四相完全是戲論，佛陀教吾們要反觀內照，了知現象即實在，要將現象融入真理，我與道同在，我與法身佛入我我入成為不二的境界，這不二的境界是絕了思考的起沒，滅了言語念頭，靈明獨耀之境界，所有的五蘊是假的，這五蘊堅固就是世間所云之靈魂，有這靈魂就要輪迴六趣了，有五蘊就有能思與所思的主賓關係，變成心所諸法而執著，能所主賓斷了，心如虛空，心如虛空故與道合一，即時回歸不生不滅的阿字門。不然的話，迷著於色聲香味觸之法而認為真，故生起貪愛、瞋恚、愚癡等眾蓋佛性，起了生死苦樂感受。諸法是戲論，佛性不是戲論，佛陀教吾們不可認賊為父。

了知三世一切佛，應觀法界性一真，一念不生三三昧，我法二空佛印心。

應該知道三世一切的覺者是怎樣成佛的。要了知一個端的應觀這法界森羅萬象是一真實的涅盤性所現，這是過去佛現在佛未來佛共同所修觀的方法，一念生萬法現，一念若不生就是包括了無我、無相、無願三種三昧，這種三昧是心空，不是無知覺，是視之不見、聽之不聞的靈覺境界，此乃一真法性當體之狀態，我執法執俱空即是入我我入，佛心即我心，我心即佛心，達到這境界即入禪定，禪是體，定是心不起，二而一，眾生成佛。釋迦拈花迦葉微笑即此端的，因為迦葉等五百羅漢，均是不發大心的外道思想意識潛在，故開了方便手拈畢波羅花輾動，大眾均不知用意，但都啞然一念不生注視著，這端的當體即佛性本來面目，可惜錯過機會，只有迦葉微笑表示領悟，自此別開一門的無字法門禪宗，見了性後不能發大心都是獨善其身的自了漢。

菩薩金剛我眷屬，三緣無住起悲心，天龍八部隨心所，神通變化攝鬼神。

羅漢在高山打蓋睡，菩薩落荒草，佛在世間不離世間覺，羅漢入定不管世事眾生宛如在高山睡覺，定力到極限的時候就醒來，會起了念頭，就墮下來了，菩薩是了悟眾生本質即佛德，已知迷是苦海，覺悟即極樂，菩薩已徹底了悟了，它就不怕生死，留惑潤生，拯救沉沒海中的眾生，如人已知水性了，入於水中會游泳，苦海變成泳池，眾生是不知水性故會沉溺，菩薩入於眾生群中，猶如一支好花入於蔓草之中，鶴立雞群，一支獨秀。佛世間、眾生世間、器世間，都是法界體性所現，在世間覺悟道理了，就是佛，所以佛在世間並無離開世間。佛是世間眾生的覺悟者，菩薩為度眾生而開方便法門，但有頑固的眾生不受教訓，菩薩就起了忿怒相責罰，這就是金剛，這是大慈大悲的佛心所流露之心所，其體即佛，心王心所是佛之眷屬，這種大慈大悲的教化眾生之心所，是沒有能度所度及功勞的心，無住生心，歸納起來菩薩金剛都是大悲毘盧遮那之心。此心即佛心，要度天或鬼神就變化同其趣。如天要降雨露均沾法界眾生就變天龍，要守護法界眾生就變八部神將，都是大日如來心所所流出的。祂的神通變化是莫測的，不但能度的菩薩金剛，連鬼神之類亦是毘盧遮那普門之一德，普門之多的總和即總持，入了總持即普門之德具備，這總持即是心。

無限色聲我實相，文賢加持重重身，聽我法句認諦理，一轉彈指立歸真。

心是宇宙心，心包太虛，太虛之中有無量基因德性，無量基因德性即普門，色即現前之法，聲即法相之語，語即道之本體，有其聲必有其物，有其物即有其色相，無限的基因德性，顯現無限不同法相，能認識之本體即佛性智德，顯現法相之理即理德，智德曰文殊，理德曰普賢，法界之森羅萬象即此理智冥加之德，無量無邊之理德及無量無邊之智德，無論一草一木都是此妙諦重重冥加的總和，只是基因德性之不同，顯現之物或法都是各各完成其任務之相。若不如是萬物即呈現清一色、一味、一相，都沒有各各之使命標幟了。這無限無量的基因德性曰功德，這功德都藏於一心之如來藏中，凡夫不知故認後天收入的塵法為真，將真與假合璧，成為阿賴耶識，自此沉迷三界苦海了，人們若果聽了這道理而覺悟，即不起於座立地成佛了。

—完—

附錄二：《真言宗讀本教義篇》手稿

真言宗讀本

教義篇目錄

TEMPLE OF UNIVERSAL BRIGHTNESS (H.K. ASS.) LTD.
真言宗光明王寺
(香港)有限公司

真言宗讀本（教義篇）

第一章 無限的之思慕

人有生之本能，為其延生故需取食物，穿衣着，為避寒暑要住居，為求此衣食住，能够比較良好美麗的欲念上，而日夜営々東奔西走乃普通一般之常事。

若果滿足此沒有以上之願望者而言，亦無追求無限之宗教心，即宗教之必要亦無之。有位道長云以此世為我世而思其望月不曾缺者，即永久都沒有不安或煩惱，那麼更無求宗教之必要了。

但望月亦有晦朔之缺時，人之一時得意或歡樂愈大，反此悲痛或失意，煩惱，不安亦愈大地襲來，此即永久不絕的同時，對此如何來求永久脫離之要求亦不絕。

此世間中有富、有權力、且健康、能生合此欣羨的境遇、亦無如何不安苦惱、似乎有見到這樣的人、但其實都不是完全沒有永遠的平安。所謂「三界無安猶火宅」、人類生來此世以上其苦樂程度雖然有差別、沒有不安与苦惱的人是一人都不存在的。

這是何故者、人生來就帶了宿有的不安或苦惱之身体或心的支配種子業力故也。人帶此肉体生來以上、為養其生存非食不可、為此非洞生存去競爭不可是自然的、亦不能辞却弱肉強食、為此而生苦惱。但其肉体常在變化生滅無常故、現在年青元氣十足能够發剌活動、須史而老去、變成紅顏換了白頭翁之煩惱、而今身体健康活生生、但亦不知何時冒了病魔而生苦惱、假使幸運而不犯病魔、但人都不能永遠活在世間，不知何時都会死去，此生老病死之四苦是宇宙之公道平等，無論其人之貴賤，不問其高下，誰都不能免者。

假如其人身体元氣百倍犀青潑剌，因其元氣熾盛都會被其切實的五感戀煩惱。又會受了種々災厄或不慮之境遇、受憂或被處之間生離別而不再見，又人生於社會之中生存以上有對自己不合意而敵視者排隱怨恨去會遇不可。又如何之欲生意志、為貧窮故雖需自求之最低限度亦購不得之苦惱。

如斯之苦惱或不安是不問古今不論如之東西、誰人都免不得之事，同時都會發生如何才能永久解消而除去之切實要求。但此要求在此有限對立之世界是無法充其海足的。

对此对立世界是不能得不安排除去求安靜、亦不能排煩惱而求私樂者、若要除了永久之不安或煩惱，最少对於物之看法、想法要一轉之、超克了此之对立、生与死、苦与樂等之対立不可為其所因、離去追求無限絶対之道不可。求此無限之道即是宗教心也。於佛教此為發心或云發菩提心、即發起菩提心也。此之菩提即是無限之悟、此悟以身体之依之才能对於一切対立之不安或煩惱中解脫出來。依其「發菩心論」中之所謂、捨棄有限的対立之苦世界、求对立以上之無限絶対之勝境心為之勝義心云。因為種々对立之一切有情之本質都是对立以上之無限絶対之同一性故誰都是同根源之生來的枝葉、不過是同一國度之姉妹兄弟而已。故其迷況的人們悉皆救濟化度之心生之、其誓願之行心為行願心。又更与其無限絶対之本質而貫宇宙之靈体合一、生拔於永遠之心為三摩地之菩提心、此勝義与行願与三摩地之三種心即是志求無限之道的心姿、此亦即是求宗教之心、亦是為入仏道之門、為味其大師之宗教的鎖鍵者也。

大師之宗教的真言宗之真面目是、即於此対立世界之一事一物、与此生於無限之永遠之處、在此有限之世界的生活中、生拔於無限永遠之人、即謂金剛薩埵、即永遠人也。此即為大師之末徒的我人真言行者之理想佇也。

而此真言行者思慕此理想佇的金剛薩埵者、恰如思慕一位清淨無垢的美人一樣、而日夜対此憧境起了戀情的同時、於与觸之、愛之、自負之非於其合一不可。此在「般若理據經以欲、觸、愛、慢（自覺）之四过程來表現、於其愛人的金剛薩埵会一、生於無限永遠為清淨妙適而以說明。

無論如何苦無此生於無限永遠之心者、都無法即其宗教門，亦無法理解去味得仏与仏之自覺法樂之境地的無限絕對之世界為基調的大師之宗教即真言宗之真意。

第二章 二條之行法

求無限或理想之永生、其有二條路途、其一是以理想放於前方而求之、眺其光明而一步一步進行。他之一是不還理想於前方求之、以自成理想体、成為發光体、去照他之一切、淨化一切者也。

先以理想求於前方遠處之行方一擧之、即以其理想是真而善而是美的圓轉、認為是完全之物故、此充滿罪惡不完

今之現實即被捉離，離即刻手拉不斷之處都具有理想在，

但我們修行終會成仏，其仏適完全即一朝一夕是無法達成的，要總集或思考都要費了長時間，若非積了無量無數之善根功德後是無法成佛的。

但其長時間之努力與精進而失去自信之人而言，都會生起他力本願思想，即所謂以此不完全的自力是什麼事都無法成就的，只有靠其大慈大悲之佛之救濟力或云攝取力，才能接近理想偉之佛，又能成佛其物，此只不外靠其仏之本願力云者。

以此立場之行法，先信理想偉的仏之不思議力，同時以其仏所說之教法為唯一無二之聖權，了解其中需示之理法依此而積修行其結果而得悟，得成証果者，從而在心地觀

經等都以教、理、行、證而立其次第、為悟道之行法，步驟。要在天台一家等即以依教修行、依行的證理上而言、即謂教、行、理、證。又以仏之他力本願為旨之淨土教，淨土真宗等即依佛教「無量壽經」而口稱念佛之理知之．此之口稱念佛即是為大往生之唯一莊行，依此信念而正往生、或證成佛之果、其行法謂：教、行、信、證。云。

無論如何都以仏在心外求之、為其教法之所導、依此而理解之、或修行而得證果者、以此理想投影於前方、而被其照其導．一步一步進行的方法、謂外信之法門或云始覺之法門、此乃以信仰対象求於心外世界之法門。為暗昧之普通人依修行而一部一部分地去始覺之向上進取之法門故也。

対此而不求理想於前方、又不求現実以上、依真正地見観現実、認識其現実其物有理想、自己當体其物即是理想体、發光体、以自己之理想之光明、去淨化一切將其美化的行法謂之内信法門、此時亦云本覺之法門。此信仰之対象求於心内之世界、同時諦見自己即本来的覺之実体、以済生利民為自己本来之事業、此向下門之法門故也。

今対此本覚之法門之行法来検討時、所謂現実的我們之見聞者、只是表面所現之仮姿而已、不是真正之実体、其実謂何者、此乃超越一切対立、是絶対的而是無限之円海者、恰如太陽而照一切、生一切之光明体、生命体也。此在大師之宗教真言宗即謂大日如来也。

其大日如来為自法楽対自創造之自己之内容的聖衆、以三世常恆而示現種々姿態、說種々法、展開種々之意業。此即現實的天地之動態，宇宙之真相！我們因為囚於對立之假相、不知其實相、恰似日出而盲者不見、雷霆震地而聾者不聞。

若果開了心眼、澄其心耳、徹其實相時、現見之一事一物都是大日如來之表現、同時自己都是無限絕對之本來佛。為不知自己之實相、而囚於有限之世界、於心外求法、自輕之自侮之為自己無可奈何。因此以我等即凡夫而思者即等以誹謗三世諸佛而說之。

而此若非自己內有「我即佛也」之徹底自覺、以此悟之光明去淨化心外之一切事物、與於無限化、我等方象來展開仏之生活不可。此先必須有「我即佛也」之体驗果境的覺醒、同將其悟的境地以如何地附与理論來表現、与他之宗教去比較、徹明其特質之理法，更於其構成理法之教法經典之如何於以了知、同時自知修養是佛之事業而教化他故需要多重修行才成。所以此本覺門之行法謂果、理、教、行次第也。對此事早在鎌倉時代之初期、禪林寺之靜遍、於其秘宗文義要內容尋於秘密經論上、其靜遍之付法弟子道範即著有「初心頓覺鈔」、而辛島解明其旨趣。

其如本覺門之行法与始覺門之行法其出發点全異、但有相補相扶才成。但真言宗之立場即以本覺門之行法為基本、於此後章來從本覺內觀見大師之宗教的真言宗是什麼物、

初之二章是序說、次之六章是示体驗之証果「真相秘密体驗与表現」、以下之六章是其体驗之境地如何學其教理來表

現「真言之特質」、已下之五章是与外之宗教之比较、為明自己之特質之教判論。此等之異境与教理、一括教判之理法示其要領者乃「真言教學之帰结」，其次入於教法经典論談家自然之经典」与斧其分流隨缘之经典者乃最後之四章。自他共在社会的成為一体而生活之修行論、即以実修篇而粗另卷說之。

第三章 真正之我之覺見

言云苦者「我」也，欲離苦者「我」也、要開悟者，要成佛者，要創造和平社會皆是「我」也，其他所有一切都是此「我」為中軸而展開者。不佪如此無心的人們即被其「我」所投影的幻像所逐已忘記「我」的活動。

彼之デカルト云「思我故有我」〔「我思故我在」〕而常在鬧卻也「覺見」了「我」成為

留長衣

近世哲学之出發点，相同地發見真正之我、又是大師之「宗教的真言宗」之起点者也。

「此天地間存在之物、此果然是真正的存在与否，我們以為有」故其即有、其實是無由來可知、如何去疑問都可以、但都言其能疑之「我」的存在無論如何都無法去疑其存在是事實的。當處善無畏三藏云「是一事之真實不虛者有之、我即此也」云。

「其不能疑之我」果然是什麼東西，此不止是「我思故我在」之抽象的之物，要徹底的把握其見聞思考的「我」之本性或云實体才是必要的。

「我」從一面看是能思考之物、心的之存在、同時是覺知其「我」之存在之認識心其物之本体、才是真正「我」之發見、其則佛之悟、即是菩提之立場而言大日経云如何是菩提者、曰如實知自心也而說之。

但雖言其自心、其是有此肉体之所以、離此即什麼思念亦不成立同時若無此肉体之媒介、亦無法將此表現以外、对此上而言、肉体之果為的使命是極其重大者、言心言肉体、不過都是其全一物上之表裏、此身心完全須臾不可分離者也。

其處弘法大師是於大日経之云何是菩提、曰如實知自心的一語之真意為使徹底起見、以此分為心与身之二而展開、此乃是令其究竟覺知自心之源底、如實証悟自身之數量之事也。覺知此自心之源底者、同時要依其悟得宿此心之自身之數与量是什麼、起初才能達成故也。

我人普通以為此身乃单是五尺左右之肉塊而已、与周囲之其他之物沒有関係、以為完全是独立一箇之存在物。但於実際此肉身即与包囲在環境之一事一物有莫大之関係、離此一瞬間都無法存在、如我們之呼吸用作來看如明白，即我人常吐着炭素而碍及包囲中之空気、其被碍之空気中吸收了炭素，吐出我人所必要之庠気、依此使其空気常在新鮮者。即我人的環境中之樹木，為吸其新鮮空気中之庠気我人才能生存的，若果有一瞬間此樹木之間的所吸之相互扶助機能停止、変成無法吸呼，當要我人自身之生存即被奪了。

此不止於呼吸，此之肉身其物以時間的即由祖先父母所賜与，於空間而言即由天地間之一切所恵養。而自身之一拳一動、何一若無周圍所抱卷之環境都無法生存的。、而此身與周圍成為一体也生存、此身當体接與宇宙、天地一切都集約於此身、此天地之森羅万象即是自身之內容、不外是自身其物故其自身之數是無盡了，其量即與宇宙法界同等，此自身與宇宙法界同等的同時、其內面所形成之自心又是充海宇宙貫天地無不至之隙者也。

此宇宙法界當体之身心、成為一体而在生存者、即真正之「我」也。

而此善無畏三藏說明此「我即此者、決定我即法界也、我即毘盧遮那也、我即普門之諸身也」等云。此以天地之一切為自己之內容、完全一体而生者即真正之我也，永劫之佛也。是摩訶毘盧遮那故、言体達此大日如來、或真正地生於我、結局是同一之事以異的角度來說明者也。

此大師又云：於其「吽字義」中說：「我即法界也，我即法身也、我即大日如來也、我即金剛薩埵也、我即仏也、我即一切菩薩也、我即緣覺也、我即聲聞也、我即大自在天也、乃至一而多也、小而含大」云云。

無論怎樣：「我即是宇宙、即是永劫佛」，生於永遠之金剛薩埵也的所謂徹於本覺門之信念，不但自己是仏而周圍卷抱之他之一切物悉皆是佛故，自己以仏之立場應作不恥辱之動作的同時，以仏的身份不得輕賤其他之一切才成。各人各抱有為仏之信念而互相禮拜、供養、扶助、依此而得真正我之內容、以淨化各人之世界而充實之，才能莊嚴此者也。

此不是單的空理空論、乃是祖師先德以身体驗之真実，從而以此為自証或云自内証、或皆自覺等語以示之。無論怎樣都表示徹骨自之心魂的（pratyātma）梵語所訳者、甚実無法用普通之言語來說明。此雖是冷煖自知之境地、而以為内心之事実、都須明白地把握之味得之者也。此又謂見諦或云菩提或言三菩提、或者謂成道或成佛、以种々語言來表現、但应注意的是不可被語言所囚、要握其語言中所含之真実相是不可忘記的。

「真正之我」即以天地一切為自己之内容活着，这並非止於漫然之生、是依各々其個体為主場、出發点、暫次伸於外於広為包囲的環境之中、以全一而生的。

以此個体或肉体為基実、為媒介而接於他之一切物、活動一切物的同時，他之一切物又以此個体或通此肉体，才能感係了真心之真實所脈動的真正之我」。

以此為基點，出發點的個体或肉体之有關的感覺是極其敏銳，比起有關之他物都緊而直接的切實的，所以自然對此個体、肉体特別集中關心，從而誤認此肉体是自己或云自我了。以此誤認為基調而區別了自他來主張個我，為保有此個我、肉体我而汲汲為了衣食住行、自思自作，妨礙他人而不省，盡為我慾而活動了。

但將「真正之我」之實相來考察時，如此之個我之肉体是無數之細胞所組織一樣、以宇宙之一切為自己之內容地躍動的靈的大生命之「我」都是以無盡無數之一切個体為細胞肢体而予以網羅統制，互相不可須臾離之有機的關係下生於一如的。此即真正之「我」的姿態、同時亦是以其本質形態來說明個與全之關係。我大師譬喻為「雨足」、雨之足雖多其同一水。雖灯光非一、但都是冥然同体者也，此個体的無數之雨足無論幾多都相通於一水之生命、各各之灯光如何地無數其照與被照之光明中都冥然相融，各各為一如而生於全一的以此個体、肉体為「我」之固執迷妄上、都以此個体、肉体為基本、為根本故、言國家、社会、以為只是此等之個体以機械的之所集合而已、這事完全都是不知真正「我」其物的本質的謬見。元來「我」其物是全一者、決不能解剖或分析之物、此全一的之物為充實自己而生、或分裂成細胞或分出個体、無論如何其物無盡無數、都是為生於全的緣故是不可或忘的。以此為我人之肉体之生起來考察時、如宿在母胎

之生命的精子，為充実自己生於完全、都暫次而分裂細胞
而總合成肢体，由此更分裂其細胞或新陳代謝，充実其
內容，於此才有肉体之生成、發育，現出其全一之姿。
与其相同，此宇宙之大生命的真我、自己完全而生，為
一如之生故分出一切物与以發現生起，豐富自己之內容而
充実之，此其物即天地萬有也。森羅万象之當体故，其內
容之一事一物，何無流通着真我的溫血者也。無論何物都
有其真我生命之脈動。由此上視之其一切悉有都是生命之
実相，是絕對者，是法身大日如來之功德相。要表現此功
德相之宇宙神秘，真言宗即以塔婆或制底之形為之。
元來此塔婆或制底之語之成立當初是，舍利(身骨)之收容
者為塔婆，無舍利者為制底，此二者之間以前是有明白的

区分、但後来就没有什麼区分、到了今日都是完全没有区分了。大概都用於同一意義。此二語都是語源以上、无論如何都含有「積集」或云「聚集」之意義。依此来示其真正「我」之功德聚的宇宙其物之神秘。此印真正之「我」的當体亦即是為一切所有物之本質根源是為照一切生一切的大日如来、同時亦是其大日如来自久遠劫之昔、創造而加創造、以其積叠聚集的过去之輝煌的功德行蹟為基本，更伸展於未来、活現其过去之一切、暫生於未来之永劫、積重聚集所有一切功德行蹟當体故也。

如斯之此塔婆或制底就是全一之當体的大日如来之象徵也。此即真「我」之宇宙法界標幟故、其「金剛頂經」中「其為標幟之制底、以換個心眼去直見之、其當体即真正自身之姿也。

以此去修習金剛不壞之世界為要」云。又「分別聖位經」云「此塔內即是毘盧遮那佛之自己內容的聖衆之集會也。即是其現証所映之宇宙的塔婆也」云。此制底或塔婆亦即是生於金剛不壞之世界的大日如來自身之姿，同時其中包容所有一切物乃不外是聖的自己之功德聚的集會而已。

基於此「分別聖位經」等之提撕，我大師是以其「金剛頂經義訣」之所謂「有大德開了南天之鉄塔相承了秘密之法門」的伝說，謂映於龍猛菩薩之心眼的宇宙之表現解之。「見其塔內即是法界宮，毘盧遮那之現証的表示之塔婆，三世之諸佛皆住此中」而釈之。

大師模擬此南天鉄塔、於高野山建立此大塔、此為示其心塔開扉之象徵，此為「鉄塔大事」或云「大塔大事」而伝此絵与真然大德、承來於高野山為師資相伝次第、於中院流為正統而至於今天。

第五章 真正之我与矛盾

存在於天地之間，所有一切物若果是全一的真正之「我的生」，應該是互相親和、相扶相助非生於平和悅樂不可，但实際上一切物都互為矛盾对立，常在相剋，擴展其鬪爭之繪巻不息者何也。

暫以此為動物世界来考察時，地上蠢動之虫被小鳥捉食，以其小鳥又被猛禽抓食為餌，完全食或被食，現出修羅之世界。此以人間社會而言，大師常以慨歎者，如倭人著其各自肚內藏有蜂蠆一樣的惡心之針，表面裝飾了虎皮或豹皮之美，但中傷人、誹謗人為始終，黑白顛倒、織出种々禍端、為爭取自己之利益或榮達、陷他人而不恥、互相嫉視排擠，以鬭爭為能事，甚而內亂或生戰爭。

謂何如斯之排擠或鬭爭無作不可，其排擠鬭爭是由何而起也存在於此世間，又如何才能克服此，這些問題要從大師之宗教上來学其如何的取捉智慧才成。

思之真正「我」之姿的「生」其物之本質是次而次之以創造進転而動動而作的、離此動与作都無法去認識其物之實相或去把握者也。然在動与作之必要条件是矛盾対立、恰似河水之流動、必需上下高低之対立的必要，亦如人之動作步行、都必須腳之進行与大地之抵抗的矛盾。

總之举手動足、見物思考、悉皆是「生」其物之活動作為，其常為上下或高低、前後、左右、進退、遲速、見与被見思与被思、什麼東西都不能離其矛盾对立、即所謂有此矛盾对立之所以故、一切物才能「生」而活現、那麼「生」其物之内容、此天地之所有一切物無一不包藏着此矛盾对立者也。

但一切物雖都具藏着此矛盾对立、亦就限定不能免於嫉視或排擠或鬪争而招来不安，此是否定的。只将此矛盾对立看怎樣去理解調和而已。依其取捨方法亦會成為善亦會成為惡。從而有此矛盾对立故而嫉視排擠有惱加惱的現象、為此我們必需自己鍊磨、自己昂揚、自己去發展向上才成。此之矛盾对立都包藏於一切之物事中者即所謂含有善惡之二方面而已。

如水亦會浮船載貨運物而助人、又會溺人致死。火雖然會燒家与以災禍、但亦會寒時温物煖人而煮食物活人。會亡掉自己之敵、即依想法而言、可以看是指導教我不長之處的善知識、世上有掠奪財物的盜賊故可以作我們警戒用心之借鏡。

其所有一切物皆是「生」其物之顯現而常在動作故、敵亦無非永遠是敵、盜賊亦非永劫不變的盜賊，盜賊一旦改心都是善人、今日之敵會成為明天之友亦常有之、世是無常的無一物有固定不變者、當處即有「生」其物之实相与妙味在。

人若对此矛盾对立即是「生」其物之本來之姿的道理而覺醒、不被其因、予於調御之、包容之、以矛盾对立為矛盾对立而活現之、假使有矛盾对立、亦能當處克服以超越。可以消除矛盾对立所生之種々煩惱或不安。

勿論、克服超越此而言、亦無非滅其矛盾对立之存在、紺碧之空中時有現出一抹之浮雲，若悟了「生」其物之真理生於全一的心上，時而亦有一片之不安或煩惱的出現，但此乃已經刈斷了矛盾對立所不被愛執所囚的「無根草」，都是遇一陣風就吹散之浮雲而已，這時之不安與煩惱等々都是已經脫去其基本性質之幻影，不但不能妨礙其悟境，反而會成就其變效用於與莊嚴，令其明顯化，澀柿之澀當体是甚甘者，煩惱即菩提也。此矛盾對立之差別當体，以其看法，受法，處理法上，與此生之，此於更新之，以此立一段高次面去包容綜合之。在大師的宗教即云二而不二或云差別即平等云者也。

其「金剛頂經」第十五會「秘密集会經」之梵本云「是二而之相的一切諸法，其當体即不二也」云。言不二其決非消滅了矛盾対立之二而差別上之不二或云平等。而是將其矛盾対立之差別當体、以看法与受理与處置与以更新、以此為「生」其物之內容而「生」之、以此相持互持而締結為「生」於含一之物去包容、即所謂不二或云平等。（多之全為不二、全之多為而二）此處大師云「多而不異、不異而多」、故云名為一如。一不是一而是一、無數以為一來說示之。

由此見之如是可以明白、言一決不是多所対之一、又非捨多之一。対此多而捨此多之一、還是対立上之一並非真正絶対之一或平等、以無數之対立為當体而許之、使之、「生」之、以看法、處理法、想法之更新者為之一如或云平等也。如斯以看法、處理法、受取法之上、与以綜合包容之處為一如而言，其矛盾対立是依然存在的、當体所包容故、時而有亂紛或鬪爭、內亂、戰爭都會起的、但對此之矛盾對立為自己之內容而生的生活而覺醒其真相、離了各々其對立中之愛執、生於全一者、其鬪爭或壓力亦並非沒有意義的、能越過此鬪爭或壓力去生活而味其理趣、由此起初才能展開了真正之新平安與一如的世界。

主要者為要將此矛盾對立以為自己之內容而生即須對其時之場合、活現(生)當面之境地為肝要、處富貴而有富貴之味、處貧賤有貧賤之意義、乃悉、所有一切都有其特有之本質故、要去尋出其特質與意義、而以味之、樂之、盡全力而令其生之、為其包容之處、自然會超越其對立矛盾者也。

第六章　真正我之內容

無論如何，有矛盾或對立，而力強者存在以成弱肉強食之世界，才有階級鬥爭之社會，這種觀念是錯誤的，勿論「生其物」是通過個體而顯現者，因為個體其物之有關感覺是極其銳敏而切實，為此所因故成為愛執之基本，而產生排擠他人而嫉視，從而生了種種之亂擾或鬥爭，此並不是「生其物」之本來素質。

「生其物」之本然之姿即是一切所有物互持而被持，關連交涉以一切力之結晶而綜合，依此起初才得生的。人們以為自己之舉手動足是完全與其他之一切沒有關係，以自己之獨力來自由動作的想法，但並不如此，直有父母、祖父，乃至祖先，才有現在之自己，又為養此而有周圍社會所供給的種種物質。縱有祖先傳來之力的結晶，橫有社會百般的綜合之力、始至現前之可能者也。

排擠他、嫉視他、軋轢或鬪爭等事情、即止於自己在於時空中依他之一切的磨擦問題，若果離其全一與他之一切支持都是不成任何事情與生活的。

所有一切物是將被「生」其物之真我的胎內所包容，只依其溫血之脈動的流通而生、同時其全一之真我是又通過各各個々之細胞而擴大充實其內容，次而次地取入新經驗，無論如何地失敗、怠慢損失都是為自己之賢能、豐富自己之資料而已。笑亦好或哭泣、或怒懟、悲哀、或訴或嫉視、排擠、磨擦、鬪爭、無一不是「生」其物之莊嚴者、此以大師之宗教而言即謂「秘密莊嚴」者也。

此特別以此莊嚴稱謂秘密之所以者、只為对立之個体而難感，失去看到全一的「生」其物之姿的普通人而言，這些萬紫千紅之為全一之莊嚴實相，是如何地神秘隱密，是無法將此當作直接去理會感得故也。

但普通人之知與不知不問，「生」其物的真正之「我」，都不斷地以一切為自己之內容而莊嚴之，常恒不息地前進邁向於無限的未來故，無論什麼都無法脫此境內，彼之三千大千世界無論如何廣大無邊，以「生」其物的真正之「我」上是不值一步之跳躍者，如何渺茫的江海以此「生」的其物上而言是不值一滴了。此大師云「三千即行步而隘、江海即一滴而歎」而宜故也。

真正我之姿的「生」其物乃引其一切，包容一切，生與一切育之一切，常恒不斷而向永遠之彼方地大行進故，其大行進中遇了种々緣々之境而次繼其次現出新相狀、千变万化、不知其底止、「生」其物之鴻流確實如河水一樣、遇急傾斜之處就變成峽岩之急湍、到了広闊之處就成了洋々大河；得窪而成深渕、到斷崖變為飛泉、此即大行進經過的步調、是歷史之足跡。

此觸緣之境的「生」其物即次而接次、顯現种々樣々素充實內容。此「大日經」云「三無盡莊嚴」云。此以身語意之三方面地考察。其高聳碧空之峯姿、澗底野中的一輪花、所有一切森羅万象之形体、無一不是「生」其物的真正之我之姿。潺々的水声、天籟一樣的松濤、其他天地間所有的音声、無一不是「生」其物之妙音宣說。又「大日經」住心品所說之、人之心、河之心、狗之心、猫之心、鼠之心等之六十心即勿論、宿於天地万有之一事一物的一切心、無一不是「生」其物之心所展開者。

而將此一切之物以全一的真正之我的內容所生成之真相、与以達觀之、安住於此、大師謂秘密莊嚴住心。「秘密莊嚴住心者即究竟覺知此自心之源底、如實証悟自身之數量也」云。此處云自身、言自心者、都是指「生」其物的真正之我之身心。這真正之我以身体上或精神上來考慮時亦俱是無盡無數的。悟此無盡無數之真正之我之身心的各々個々一切、即是理會秘密莊嚴世界与感得者。故又云「如斯知其身心之究竟亦即是証秘密莊嚴之住處也」而示之。

如斯各々個々之一切物即由全一的真我而生．同時其全一之「生」其物必經各々個々之個体而生的、此處才是至大的妙趣。若果各々個々之一切皆由全一而生，即成為一种宿命觀或陷於決定論者之邪見之誤。若果舉手動足無不靠着外來之力來決定或支配不可者，個々都被其決定任其支配外無法生活，變成身口意之一切動作都是自然之外來力而已，成為使然的運命，沒有以個性的努力之自己發揮的何等餘地。

但此「生」其物的全一都通過個体而生的、通此個体故方能生其全一，所以此個体之使命是極其重大，必需自努力去生其全才成。如此肉体的各々個々之細胞，無處不通着全一之溫血一樣，天地間之所有一切各々個々之一一，都是流着全一的「生」其物之力。其貫穿宇宙全一之力予以糾合之，集約之，凝縮之者即是各々個々之所謂個体故，言生其個体之全一之力、云個体自生之力、実乃同一之物、決定個体的全一之力當体即是個体自生的自由之力也。

於此天地所有千差万別之各々個体、依各々之立場以全一之「生」其物為背景、代表其「全」、各々建立自己特殊之世界、差別此無限実現之自性已經形成着、此大師之宗教即所謂「各々自建立、各々守自性」云者也。

而此世界所存在之一事一物、各々建立了各自独特之世界、無論什麼類似之物、是全同一之物決定不存在此世界。由其各々異趣之立場以充実莊嚴的使命而生者。

此以草木而言、彼之櫻花或梅花、無論怎樣呈現其美姿而生於其全一、其美即櫻是櫻、梅是梅、限止於各自独特世界以固持之、決不傷及其他之花的絶対性與犯其美。一色一香都是一人一級，不過生活於各自所課之使命，此之各各別各之使命上來充實莊嚴全一的真我之內容。蓋為曼之藏等說此謂「秘密莊嚴，不可思議，未曾有」云。

第七章 真我之特性

真我之姿的「生」其物即包容所有一切物，各各令其生而育之，向常恒不斷的永遠之彼方行進，當處才有永遠性，有價值性，有慈愛性，有創造性，更是其綜合的一如性了。

此以次之真言宗即以特殊之謂，金剛部，寶部，蓮花部，羯磨部与仏部的特性。

思之，「生」其物都常恒地生於現在的，所謂過去未來乃是以此現在為基其的反省分析抽象而已，人以為亦曾住居於過去之處，但此乃思把過去的現在事，思考未來亦即是念未來之現在事、其外什麼都沒有。「生」其物即以此現在持續於永遠者、過去是此現在之足跡、未來不過是現在之予想而已。其「常恆三世之一切時」云者、亦不外意味了超越此反覆或分析的「常恆現在」也。

人若以此常恆現在之信念為立腳、由自己的立場去完成自己之使命，為此能將此尊貴之現在之一瞬去充實生活者、於此可以超越生死、徹底得到「拔生之力」。又能歡喜把握「死去之力」。

彼之孔子曾云「朝聞道夕死可矣」。又佛陀云「人生若活及百年、不見得不死之道者、不若見此不滅之道者活一日」都是完全論此消息者也。不是徒為長生為能、重其量不如重其質的，而充實現在之一瞬而生為必要也。此言為永遠但都是結晶於現実之一剎那故也。

此在真言宗為金剛部諸世界，亦即所為一切物各具有其絶対性而一刻一刻地生於永遠的說示。

又存在此世間之一事一物，為要完成其所課与之使命由各々自己之立場、以「生」其物為内容而展開生成故、假使未臻到積極的為社会國家構成貢献，亦為他人之見習、或引起他人的有為作用、或喚起他之注意的有用行為、以何等的意義下、都具有存在此世之意義与價值。

但此雖然持有存在價值是同樣的、可是其價值之表現是种々様々不同，同一一輪之花若揮在床頭被一切人所欣愛亦有、亦有生於谷澗之日蔭下無人訪問者由自然淘汰而散落固有之。其價值亦有被人注目而輝煌者、亦有所謂終於緣不之物、不被何人所見而枯枯者亦不少。

但是人知与不知都是無所為、存在此天地間之所有一切物、都是相依而構成「生」之內容、由此等之細胞或依此等之個体之力也生於全一故、無論什麼細胞、什麼個体都持有絕對至上之意義与價值也發揮者也。恰如構成一家屋而言、其棟木、支柱、壁土、礎石等々無一可以刪除的須要職務在。此以真言宗為密部類之世界、云所有一切物都是一樣具有至上之價值也發揮展開其職責之說示也。

更又、以見聞之間、呈現了千差万樣之觀、此乃是「生」其物為充實自己之內容莊嚴所使、所有一切物都將「生」其物同根而生成發展之枝葉而已故、万物是本來一如的、一体的。所謂「天地与我為一、万物与我同根」。

依此万物一体上、一切之物均貫着「生」其物的生命故、假令一切物分為種々様々不在一起、亦会互相牽引而欲相合、於自他之間感到灼熱、此即所謂愛其物的本性也。從而此愛之本性其物、即以生命力而貫於天地、無論何物都在其间流通着故、若無制止此、空了已。開了心扉、而以受此、自然其本然的愛之力、流入全身中、任其心而感受此就可以把握此了。

此在真言宗為蓮華部族之世界。其蓮華由泥土生出、不会被其泥土所污一樣、所有一切物不過都是本來清淨本質的同根所生之枝葉、應互為相愛相扶、亦其愛其物之实相者也。

總之、「生」其物是常恒不斷地創造、花開鳥鳴、雲飛流水何一不是創造，此乃所有一切之力糾合於個体其物而結晶之，所謂全通於個，次而次之創造新物新物，在此宇宙间无論如何類似之物，都絶对没有完全同一之物，其處即有其創造之妙機也。

此以時間而言，「生」其物是生於常恆永遠的，其即現在之一剎那收過去之一切，孕未来之一切以全的意義在其一真上而燃燒。當處才有自由、有創造，其剎那象徵永遠之芸術品，才会恍惚与以脱落的自由感。全的而躍動人之生命之所以尊在此。

此個即由全，全通於個，剎々也生於永遠即是「生」其物之真我姿態，同時於其上实現的行動是悉皆有自由有創造的。此在真言宗為「遊戲神変」或云「金剛舞戲」。此「生」其物之活動是如遊戲、如神通、不被何物所拘束的自由物、同時亦是如金剛之不滅性、於剎那中生於永遠故也。

此又在真言宗稱謂羯磨部族之世界、個印由金、全通於個、此遊戲神變之創造事業、即謂羯磨之展開的說示。

如斯有金剛部、寶部、蓮花部、羯磨部之四世界、亦即永遠與價值與慈愛與創造的四特性、與以綜合統一而全的生於一如者即所謂佛部或云如來部族之世界。此當体即真正之我也、亦即是生於永遠之佛陀也。

第八章 真我之佛陀

佛陀者即所謂覺者，開了覺悟的人誰都是覺者、是仏陀、但以歷史上而言、在印度出現之釈尊為最初開了覺悟故、普陀所謂仏陀即指釈尊。

然是什麼人令釋尊成為覺者或成為佛陀而言，這並非什麼三十二相或云八十種好等有此相好具足之色相之所賜，此乃釋尊自己去把握体悟了此貫天地的絕妙之法，由其法得之故也。其諸經典中有云「自覺此法而成等正覺」。或云「不得以色身觀佛，以正法觀之」云亦可以明白。

而此法乃令釋尊成為佛陀之基本，同時其即佛陀真正之本質者聖体者也。此聖体亦名法身，亦謂法界，假使此為身識亡，但此法身或云法界是決定不滅。即所謂「如來出世與不出世法界常住」也。此不但使釋尊成佛陀而已，照一切生一切的貫三世常住之法，此時所有一切物都依此為基礎而生成，能夠感得把握此才能真正地得到覺悟與真正的永生，為真正之佛陀去活動。

対其各異見之、言此法身或云法界者、不過是生所有一切、為所有一切之根源的「生」其物而已、此即真正之我也、佛陀之聖体也。

其佛陀之聖体的「生」其物、雖然以所有一切物為自己之內容、生之、育之、但「生」其物即超越一切、完全是「曰難言」的神秘物、恰如指月之指、以月之「生」其物之內容、亦可以用什麼辦法來思議或說明，但如指不能自指一樣、包容一切生一切之「生」其物乃完全超越其思議、只不外是神秘或云絕妙或云不可思議了。

不但如此如所有一切物被太陽之光線与溫熱所養而生成一樣、佛陀之聖体的「生」其物之灵光所照為限、一切物即自生、自哺、自以育成。依此上而言、於真言宗即將此「生」其物之佛陀聖体称謂大毘盧遮那、即大日如来或云大遍照如来、又謂「常住之世淨妙法身大毘盧遮那如来」也。此大日如来乃是貫天地的「生」其物之聖体故、以所有一切物為自己内容、為生成莊嚴而示現所有一切之姿、遍滿所有一切，而此「生」其物的大日如来之説明、如大師即「以法界為体、以虚空為佛心」、或又以「身遍塵刹、心等大虚」等語以説示之。

而以所有一切物為自己身心、為自己之内容地生於三世常恒之「生」其物當体即是大日如来、故其大日如来不但刹々生於永遠、為所有一切物与以發揮至上價值、以聖愛的体現者而不論時方地育成所有一切物並莊嚴之、為此不被何物所困、以自由地創造一切。

無論人知與不知、「生」其物的大日如來都常以永遠與價值與聖愛與創造之四世界為一体一如而生者。此即「生」其物之本來之道也，妙用也。以此「生」其物之本來之道，以自己而体得把握，以此個体為基實去具現此，即是以人間之個人上所課之使命而云義務也。

要完成此使命之前提者，先以永遠與價值與聖愛與創造為一体，一如而活「生」其物的佛陀聖体之把握，同時領會了此天地間之所有一切物無一不具此「生」其物之聖体，諸都照其靈光依之而生存者也，衷心体悟以此感味為要。此於真言宗謂「理具之佛」云。此佛陀之聖体是具在事々物々之中以天理而常在者也。（是一切事物之全部不是一部分）

而此事物本來具有之「生」其物的佛陀聖体，並非單的真理或云原理之抽象的東西、都是常在遍刹地、照一切生一切之灵体、貫天地互為感应道交之灵性之佛格故、此云「加持之佛」也。此大师云「仏日之影現於衆生之心水為加」、行者之心水能感仏日名為持」。如上所説之「生」其物當体之仏陀聖体所放射之灵光、常恒地加被光照各々個々衆生之上故、衆生能够任持把握、由此就能感应道交、現出不可思議之内証。

依此加持、感应之不可思議境之体験修養以為背景、更進出行之世界；以行者之個体為基点、去為社会民衆的所有一切服務、来荘嚴充实一切物、非把了此之实動不可。而不被此個体所囿、以広大之、使体於外而与周囲之一切物協調，希能生於全一、以「生」其物而体悟佛陀之聖体的妙周於身・剎々也生於永遠・以所有一切為資料去發揮至上之聖價值、以自為聖處之作現者、去教化一切、不被何物所囚的自由立場、不絕也創造莊嚴世界而成就、這即「顯得之佛」了。亦即所謂將有限生於無限的「無限人」之金剛薩埵者也。

此以金剛薩埵之手的五股金剛杵為基本而言、上之五股是、永遠、價值、聖處、創造之四股四義、以中央一股來綜合而併合其四世界、乃是常恆三世而照一切、生一切的大日如來境地、此即是天道也、自然之大道也、對此相反的下方五股是本來之道的五義、五世界以各々個々之立場的把握去味得生活的人道也。金剛薩埵之境地也。(依理而言上五股為五智、下五股為五蘊、上即悟界、下即迷界、迷悟一體、開為五、合為一)

然此天道或云人道即不生於自己本分之真實，而以個我為中心，以孤立的、獨存的而自作自為故，才有迷妄人之悲哀的出現。最少為生於真正之我者、應該將以前之看法、感法、思法予於一新、去体認真正之我是何物、應以所有一切物為自己之內容去生此全一不可。如是心眼所照之處，山姿水聲，其他所有一切物何一無非是光莊嚴自己內容者、一色一香雖都以各々個々之立場、生於自己所課之使命故，無論何物都是聖的佛之功德聚而構成永遠不滅之發現世界者也。

第九章 秘密体驗之表現

以種々之角度來說明真正之我是什麼東西了，這不外是通過個体而生於全一的事情，以一切為自己之內容而予以色容，又不被其因而照之生之，不但有明朗的智慧，要有溫煖之感情、神秘之幽邃、意志之活潑等來融然渾然為一的境地。

但此神秘一如之体驗愈充實昂揚，都会將什麼形式而把了表現此的顯彰衝動。此即是此「生」其物之真我欲对外伸展之力。其所謂之在內的不得見之物擬將構造為有形之物的創造性之所使然的。其如「隱不如現」或「思於內表於外」等即此也。

看如何徹到神秘之体驗得把握於內心，只此都是止於完全之主觀的、個人的之者，不得將此傳与他方，以広為客觀的無法要求其妥當性。所謂得成了獨覺亦決定不能具足自覺々他，而成為真正之覺者的理由。而若果真正把握了神秘体験以上，即向外而表現，依此而非去領導他人不可。然此表現之用具之謂，言語文字，元素是知性之產品記號故，由此都無法達到「感情之溫度」或「神秘之尊嚴」或「意志之流動性」等等之當相之姿，從而自古之所謂「言斷心滅」或「言忘慮絶」、「百非洞遣」、完全否拒其表現的如是一面亦無不是無，但看其如何地消極百非重加否定，亦難免脱出以否定的表現之埒。

於真言宗即不取这种消極的態度，依真言宗独特之方法來如实地表現，此即以言語文字或現見之事象亦可，不以此為單的知的記号視之，以此予於標幟化、象徵化，於此賦与感情之喚起性或神秘性、無限性等，通過其特殊之感覚的之事象其物，傳達表現其神秘体験者也。此無非令其全写依其自己欲表現的內容之物，而是令其把捉某一點來代表此，其時以其他之一切為背景而暗示之，包容其明暗之一切，以全的去感味此之處才有其特質在也。

暫以此言語文字上而言，世間普通之言語文字都會將當面之一相一義摘出來表示此，同時可以將他之一切義為背景來暗示此。自然以此為全的而默照並令得感味的手段而予以體驗化者，即真言宗之所謂真言或云陀羅尼也。而將此世間普通之言語文字，成為真言，陀羅尼，與於標幟化、象徵化，即為「加持」，由此加持之方法來表現如是的神秘體驗。

於其「大日經」云：「等正覺之一切之知者，一切之見者出現時，其法性（即神秘體驗），將以種種之道，持以種種旋作，從種种諸々眾生之所欲而以种々語与种々文字与种々之隨方言語与种々之母音与其中得了解也加持來說此真言道」云，文「如何是真言道？」所謂加持此書寫之文字也」而所言者此也。而此世間普通之文字与真言宗的真言、陀羅尼的差別是在那裡者、世間之文字普通之言語、只是傳達思想以知的之用具、以一相一義為基調、其限定的一意義之言語文字、以量的而多連結、広為伸外以种々樣々之方面來綜合的將其內容令其了解者、反之真言、陀羅尼即以無量的其多語的需要、寧是質的選其如実得象徵其精神內容的特殊言語文字、以其特殊之言語文字的意義為门、令其徹義而深據下其內容、依此所暗示為背景去感得其無限性、把握偉得到全的之味道者也。此世間之言語文字為文語、而対此真言、陀羅尼為義語、又稱謂「一字含千理」之所以也。

不但言語文字而已、於真言宗要表現其神秘体験、又以感覚的之事象為之、此之事象是現実的、是具体的、是個別的、是有限的同時最有富以感情之喚起性、令其知解其神秘体験乃如令其味感此之実是比他極其有効故也。

於其靈山會場之釈尊為伝、正法眼蔵、涅槃妙心的端的、指天花而微笑、此雖只有迦葉会得、但此指華微笑當即活生生地象徵釈尊之全身、畫妙心之全体的顯現。

無論如何都此天華或蓮花或金剛杵等之事象、以表現其真体験之端的、此活生生之姿態呈現出來。若人一旦体得此真体験而把握之者、為要表現時、要將所有一切之事象予以活現之、於其事象中全体験与以個体化、具体化、現实化而示之，此「述上有方法」而言，無論如何世俗的、觸及的不要事象，亦可取之持之予以淨化、神聖化，什麼都可作神秘体驗之象徵資料，以此視之「种々之世俗諦悉皆法界之標幟也」云。

如斯，所有一切之事象加以淨化象徵之結果，亦即在於真言宗成立了佛像或曼荼羅。但以其体的之神秘体驗、將事象表現為限，最少都需其形態或色彩等之整備要求，自然的表現其美，不覺其即藝術化、密教精神之表現當即成為密教藝術了。

言之其物當然是以精神体驗之表現為目的故，不止於普通藝術的看法，單以曲線美或表情良好等，所謂用於鑑賞為主眼而已。但是以某点而言，此等之形式具有充足之完態，依之才有真体驗的完全表現是不可忘記的。態備此形式以暫進完全表現其神秘体驗之處，才具有密教藝術之使命。

然而言密教藝術或云象徵，元來都是神秘体驗的伝達方法或云用具故，以伝達者与会得者之間，有関於其奧之了解与約束是不可無的。不然為限，其特設之佛像或象徵物完全都不外関於「猶如小判」或云骨董品。亦即必須了解，佛像之三面是表現什麽，五股是象徵什麽如是等一應要認識的”，而在兩者之間無此約束不可。

此印是佛像或象徵等之解開神秘之鍵也，由握此鍵而通此佛像或象徵才能通達其神秘体驗，而認識「生」其物的真我才能生於全一者也。此佛像或象徵，實是為生於神秘体驗之根本。以為本尊的分上与於神聖視之、不許与普通一般之藝術品同視之。

第十章 依事象之表現

無論如何、什麼神秘一如之体驗、結果都屬心的現象為限、其是常在流動的、遷替的現象都不許一瞬之靜止。以把握當体的瞬間、其已經移去流失、不停其実相、只有与以固定化、客現化、以不動之物而凝結俱体化、才能把握与表現。

而其善無畏三藏云甚深之法相不能直印宣說、只以方便之力、与以事象化、象徵化、才有置心之地、為所作不空云。

這才是表現活動、同時其表現活動之進展隨之不但止於身体所屬之声音機關或身之活動形態及搖舉手勢去表現手段、更進到身体以外之領域，至以用劍或蓮花或月輪等々的事象為資料來表現自己的体驗內容。真言宗於此名謂標幟或云契印或云三昧耶形。此等之劍或蓮花或月輪等事物當体即表現佛之体驗內容之表現標幟，或云劃符（契）或云幟（印）或云記者也。又以三昧耶之語來詮表、示其佛之內証体驗之形故也。

其三昧耶形之稱者，雖有單純之物與複什之物等的种々様々形式、且最基本的當於共通性者、即是月輪與蓮花、

特特月輪以為三昧耶形之所以者、大概以光明為神聖視的思想為淵源。特在真言宗之「菩提心論」云「仏心如滿月」或云「我見自心（即本心＝仏心）形如月輪」，如此地象徵仏之円滿明亮之

內容体驗的表現。此內容亦即此內証体驗之境地是清明涼等完全故其月等相同故也。而在「菩提心論」云，又為令人明瞭其內証体驗喻月之所以，即云「海月円明之体，即与菩提心相類」而說之。

而以此月輪來表仏之內証之全貌，而其体驗中之仏智，或聖處，或說法，或金剛或寶幢或輪寶等皆以三昧耶形象徵之為其標幟也。實要視為体驗中之內容的功德之三昧耶形都置在其全德的月輪中來表示。

其次以三昧耶形之蓮花一事，在印度、中國、日本及其他地方、大概佛像都与菩薩像相同地或坐或立置於蓮花上，蓮花是清淨可愛的花，但決不大到能載人，亦非強韌之物，為什麼於此軟弱的蓮華上安住佛菩薩呢？其太陽由東昇起之時、蓮華之花弁就開，太陽將西沒之時其花就閉、古希臘之神話中說此太陽与蓮花常有關係，以為太陽是生於泥羅河之蓮華上、此希臘思想流入印度、以聖誕之象徵或為梵天之座等而使用之、此特別波及佛教，甚者密教、以仏菩薩來表現此蓮華上。為此之仏菩薩是過去無量劫種植種々之善根功德的結果，才更生於其上的。此之功德生的象徵以用蓮華者、依其無着之「攝大乘論」云「依止無量功德聚所莊嚴之大蓮華王」等說此亦可以明白。

以不但外的表現之仏菩薩之形像而已，其仏菩薩之內的体驗又在修於往昔，不外是其清淨無量之善根功德所生、為表示此、仏菩薩之形像當然勿論，其象徵仏菩薩之体驗內容之劍或輪塔云之等々三昧耶形、都總要於蓮華上者也。

此蓮華与月輪之關「大日經」印以月輪不如蓮華為主故、所有之三昧耶形之画繪時、印先画蓮花、然後於其上画月輪中之种々三昧耶形。「金剛頂經」印反之、蓮華不如月輪為主故、先画月輪、其中才表示蓮華上之种々三昧耶形。此「大日經」印以往昔之大悲為主、「金剛頂經」印以仏智之体驗為主故也。

無論怎樣都以此等之標幟、三昧耶形為对象觀境、去了解此仏菩薩之內証体驗、才得如實味得之把握之也。

思之依事或言依理、原來並非二物故、由內心之躍動具現於外、成為標幟、三昧耶形、同時通過標幟、三昧耶形才得証入其內証体驗。外相若不借印內証必熟、恰如取筆思書物、取器思拟發音、取盃思酒、取賽思博一樣。

如斯、固定的、客觀的之事物、並不完全會妨礙流動性的主觀的之內心之理、但此固定的之事物若無寓有某些意義、只是單的存在時、其物已是脫了表現活動之領域、失卻為標幟或云三昧耶形之資格、都是無任何意義的泥中蓮華或天上之月輪、其當體道即不成標幟或三昧耶形。

最少為標幟或三昧耶形以上、其物即不單是一項事物、或單的存在。應以將此單的存在或單的事物、以另個角度再見之精神化之、通過此擬欲了解味得仏菩薩之內証體驗之處、才能基於過去之修養、參與主觀之能動的態度、才會沁入內化此自己之表現活動。

依此思之、真之標幟或三昧耶形之物都成立於事理不二心物一如之上。此真言宗謂「即事而真」或云「當相即道」云者。

於真言宗之特為標幟或三昧耶形之施設之所以者，不外是依此而融和了事與理之對立，有相與無相之相剋，與以不二之，如實去把握了諸法之真憑而已。此之旨趣，善無畏三藏云「於諸行人亦不得放捨諸行住於無相，又不可執着諸行住於有相」所說示之。

人若徹底此標幟、三昧耶形之真義，以單的存在、單的事物上，加味了主觀之能動的態度，以內化此基於以精神化，通過其一物一事能把握觀見宇宙之大生命的法身佛之內証時，宇宙所存在之一事一物無一不是標幟也，三昧耶形也。故大師即將此標幟、三昧耶形之真義的了得密教、於顯教之未了得上指摘其對宇宙所有的事物觀。「諸顯教中以四大（地水火風）等為非情，密教即說此為如來之三昧耶身而說之。

第十一章 依六大之表現

凡所有一切物為自己之內容而更超越為一切物之基本、生一切照一切、含一切、育一切的真我之姿確是不可思議、此之神秘實相以身去體驗的境地在於大日經曰「一切智々、以地水火風空之五大來表現此。

即云「世尊、譬如虛空界離一切分別而無分別亦無其分別、如斯一切智々亦離一切之分別、分別亦無、無分別亦無。世尊、譬如大地為一切衆生之所依、如斯一切智々亦為天人、阿修羅之所依。世尊譬如火界焚燒一切薪無厭足、如斯一切智々亦焚燒一切無智薪無厭足、世尊譬如風界除一切塵、如斯一切智々亦除去一切諸煩惱塵、世尊譬如水界一切眾生依此而歡樂、如斯一切智々亦為諸天、世人作利樂之等說之。

此處說示之象徵，為譬喻的五大只是向由說而無順序等漫像地列舉者、但若以普通所謂從地水火風空之次第而言、大地則為一切所有物之所依、水即清涼而去熱惱与以一切物歡樂、火即燒一切薪、風即除一切塵、虛空即離一切之分別以無染無著、不外是象徵一切智々之体驗境地而已。

此善無畏三藏說明之世間之種子以地水火風為緣、因虛空無礙故然後可以生出、若缺了一緣亦不能增長一樣、一切智性之如來種子亦如是也。即此一切智門之五義為自之眾緣故能至菩提常住之妙果者也」云。

此之以地水火風空之五大來象徵之一切智門之五義者、

印是一切所依（地）与、清凉歡乐（水）与、燒一切薪（火）与、除一切塵（風）与、離垢无著（空），但「大日经」之具缘品印更用異之言語說之，其宣明印如下：「本不生与、出过語言道与、諸過得解脫与、遠離於因缘与、知空等虚空」也。

此一切智々之境地能为一切物之所依之所以者，其印超越一切之対立，包容一切本来不生不滅之绝対性故也。其賜与清凉歡乐於一切物之絶対法悦之境地是超越了一切思議之處故，「出過語言道」云。燒一切之無智薪印当於「諸過得解脫」，除因缘相対之塵印「遠離於因缘」者，離了一切分別之垢，成無染無著之處印当於「知空印虚空」的空智者也。

此本不生与出過諸言道与諸過得解脫与遠離於因缘与知空等虚空，以此一切智門五義，准「大日経」具缘品之真言道之儀則、以一字之真言表示之，即如次之𑖀(阿)、𑖪(縛)、𑖨(羅)、𑖮(訶)、𑖏(佉)之五字門。此𑖀字是意味本不生義的原語𑖀𑖡𑖲𑖝𑖿𑖢𑖯𑖟(anutpāda)之首字。𑖪字意味語言𑖪𑖯𑖎𑖿𑖧(vākya)的語首字、𑖨字是意味諸過塵垢的𑖨𑖕𑖭𑖿(rajas)之首字、𑖮字是意味因業之𑖮𑖸𑖝𑖿𑖪(hetva)之語的首字、𑖏字即当体意味虛空之語加𑖪𑖨𑖮𑖏等之各字之𑖀(阿)韻含在其中、表示其即不生不滅之不可得之境地。自然表露、出過、得解脫、遠離等義故也。

而此𑖀、𑖪、𑖨、𑖮、𑖏之五字即又以地、水、火、風、空之五大來標幟象徵、表現一切智內之五義故、更為如次地、水、火、風、空、五大之种子。

此五大、五喻、五義、以表現一切智々之境地時、我大師即以称為极略法界体云。此之一切智々之境地是甚難了一切之思議的神极灵妙之宇宙法界体故、但為說明此印將此五大開為六大。此乃物心之一物兩面観而已、亦是貫物質的五大之物物心灵以為之識大故也。即以地水火風空五大為本不生之五義而貫此之物的一切智々即精神也、此者体即識大者也。

今將此五大、五喻、五義、五字門与一切智々的識大之関係図示之即如左也。

一切智々（識大）

五大	五喻	五義	五字門
地	一切所依	我字本不生	𑖀
水	清淨顯示	出過語言道	𑖪
火	燒一切薪	諸過得解脫	𑖨
風	除一切塵	遠離於因緣	𑖮
空	無礙無著	知空等虛空	𑖏

此處所言之五大，並非像小乘佛教之所謂原素，不外是象徵如來內証之体驗境地的一切智々之精神的方面之表現、其象徵一切智々當体其五大即視為識大，故大師將詮示「我覺本不生、出過語言道」等之一切智內五義之「大日經」所說之偈頌來配六大時，以本不生以下之語句配於地水火風空之五大，同時以初之「我覺」之二字配於識大，「我覺者識大也、在因位名識、果位曰智、智即覺故」云此說明之。此之「我覺」之境地即一切智々、同時亦即此境地是「金剛頂經」之所謂「普賢」、「金剛薩埵之菩提心之當位也」云。由此見地即將此金剛薩埵之種子[illegible](吽)(hūm)以為識大之種子。

於小乘佛教等即以五大就是指物質之原素，言識大即表示精神之基本，但真言宗對於五大或云識大決非其物，等論如何都是表現象徵一切智々之境地而已、而言五大或云識大、色(物)与心不言有異、大師之所謂秘密法界的象徵密号而已。其本性完全同一者也。故大師云「四大等不離心大、心与色雖異其性即同也」云。又「諸顯教中以四大為非情、於密教即說此為如來之三昧耶身(標幟)。此真言宗(密教)說之六大与顯教有異、如何都是表現如來內証境地的一切智々之三昧耶形、不過即是標幟身之趣旨也。

更在大師對此六大之真義以偈頌而云「六大無礙常瑜伽」其說之、此並非指其原素之大種的六大互相無礙地涉入之謂、於真言宗而言之六大各々都是一切智々之如來体驗之境地的表現象徵故、言地大即一切智々皆地大也、言水大即一切智々皆水大、此之象徵的六大各々之內容互為涉入無礙沒有離反或反背、常恒地調和相應（瑜伽）之境地的宣明之外無之。

第十二章　依曼荼羅之表現

此世界之一草一木皆有其各各個個之立場，依其所有一切為背景，一刻一刻地向無限之絕對而生。這是真正之現實的同時將此其現實以如實而知見之味得之乃是真言宗之真精神。以此其真精神以全的或概括的、以群眾或種種之事象或種字表現象徵者即曼荼羅也。

此曼荼羅之語雖使用於種々樣樣之方面的各其意義，以其語之成立原義而言，即意味著粹真至實的曼荼一語，後附加了所有或充足等意義之後接語羅字。即所謂具有粹實至實充足之物，當其藏謎之大日經說曼荼者粹真至實，即

本質之義也、羅者印成就義也」云云。覺密即與於說明之、
「為明悟無上菩提覺印最勝無上之本質也粹實至實也」云。此
文徵於釈文亦說明此「曼荼羅者粹實至實之義、完全像略之
粹實至實一樣、於此之教能取得其無上正等正覺即是本質
粹實至實、取得此為曼荼羅也」云。
依此等視之就可以明白，於真言宗之曼荼羅者，不外是
證無上菩提即無上之真言宗精神與以如實地把握、以此來
全與個的關係上表現象徵者。
述於全與個之關係上如何地表現出來也一樣的、但暫以
全、胎兩部曼荼羅為基本為限、即以中央之大日如來為「生
其物」當体、標幟為我体之全一、由此流出所顯現之無限無
數之眷屬諸尊以為「生其物之內容的各各個個之細胞的象徵。

此「全一」中所包容之各々個々之細胞是其「全一的生」其物而言，即是其眼或其耳或是腦乃至手或足，「生」其物是依其個体之眼而見、依耳而聞，依腦而思考，依其手足而行動，無論何時何處都以此靈官而生成活動者也。而為「生」其物之全一遍開展發達，其内容之細胞体亦隨之分裂分化成多種多樣，而其各々互相交涉関連，何都以「全一」為背景去建立各々個々之立場与自己之世界。通此自己之世界來輔翼贊其「全一」，重々無盡地將「全一」其内容与於豐富莊嚴。此全与個之関係之諸尊集会乃此曼荼羅故，善無畏三藏云「曼荼羅者名聚集」，今如來是以真實之功德集在一處乃至十世界微塵數之差別智印在輪円輻輳輔翼大日心王，為一切眾生進趣普門（即全一），其故說此名為「曼荼羅」云云。

而其各々之個体以自己之立場、雖輪円輳輻輔翼「生」其物的大日如來、但其個体之原動力還是「生」其物所發生故、其根源的「生」其物為基本為限、都是此「生」其物的全一、通了各々個体故才能一刻一刻地生於永遠、無限地莊嚴自己自身者也。

句論為莊嚴「生」其物之内容活動、雖是無尽而無限、但特點以其体的擬以人間活動之樣式、以身語意之三方面來看察時、謂之身語意三無尽莊嚴。而其三無尽莊嚴之活動的「生」其物都不被何物所制肘的自由活動、言是一種金剛舞戲以其内容的各々個々之側視之、対立的而分為能化与所化、対於所化之衆生而言、特別強調能化之仏菩薩等之活動表現為常也。

從而大日經之別序等以「生」其物的大日如來，常為攝化一
切衆生，示現種々樣々之佛菩薩的身形，應同種々樣々之
世界，以種々樣々之言語種々樣々而說法，展開種々樣々
之佛意。盡無盡三藏對此闡演之「依其三業無盡故，若以
身而度之人即普現種々之色身，若以語而度之人者即依普
門(全二)示現種々語言隨宜示導之令得入佛知見，若以意而度
之人又如斯難以種々感通不得窮盡」云云。
此「生」其物的活動當此三無盡莊嚴的表現，即以自然的大
印之形像的大曼荼羅與以三昧耶形之事業的三昧耶曼荼羅與
以種子梵文的法曼荼羅與以供養之事業的羯磨曼荼羅也。
其印如次而以身、意、語，與其一如之四種也，以此四種來概括
一切之曼荼羅故，彼之不空云「以此四曼荼羅攝瑜伽一切曼

荼羅而宣示之。

而此一切所有之曼荼羅不外是此出生其物的大日如來之身語意之三活動、以全与個的關係來表現的。言云身云語云意、都是超越了有限之对立之絶対的之物故、言身即一切活動皆是身，言云語即一切活動悉是語、言云意即一切活動悉皆意，此身語意之三活動攝各々之一切無邊、無論如何都是平等無礙的，故云如來之種々三密皆第一實際、境至於極、身等与語、語等於心等、尚遍大海一切處、如同一鹹味而述之者。

此無限絶対之身語意、三平等之境地的表現，亦即是身形或事業或種子或以其一如等、大三法羯之四種曼荼羅者、同時其四種曼荼羅之當面之表現式、雖無一定限制或態或以事象外無之，但其主眼之處是「生」其物的絕对活動故，以此為宗相而肯定為限，如大師所宣示「世間、出世間、所有一切教法均在曼荼羅，世間、出世間之所有一切有情即是大曼荼羅，世間、出世間之所有一切器界即三昧耶曼荼羅，世間、出世間之所有一切事業即羯磨曼荼羅」云者也。無論怎樣此等之四種曼荼羅是「生」其物之絕对的活動，以身語意与活動四方面來表現象徵而已。故此等互相交涉關連不可須臾離而成一体，依吾乃自己之立場去統攝表現「生」其物的全一而不缺。故大師云「四种曼荼各不離」。更以說明之「如斯之四种曼荼羅，四种智印是其數無量也，一一之量等同虛空，彼不離此，此不離彼，尚且如空与光無礙不逆者也」云云。

第十三章 秘密莊嚴之曼荼羅

言曼荼羅雖有种々樣式不能一概而論、但最根本的者亦就是胎藏曼荼羅與金剛界曼荼羅、普謂金、胎曼荼羅或云兩部曼荼羅、總括之真言宗曼荼羅、都攝在此兩部曼荼羅、其中今將胎藏先來窺其一斑。言胎藏者即生其物之真我以所有一切為自己之內容細胞、包藏於胎內、以自己生命之息而令其生、而以養而育之之者？何故養育一切所有物呢？、這因為一切所有物雖是千態万姿呈現不同之現、但都悉皆自己之內容細胞、不外都是自己的真我故、而視一切如自身的見地上而生一切、養一切、育一切、所謂同体之大悲也。由此同体之大悲而生一切、俾一切、通過各々個々之細胞而去充実、擴大達其物之內容、才能生出莊嚴的活動。此表於圖像者為胎藏曼荼羅，亦謂大悲胎藏曼荼羅或云大悲胎藏生曼荼羅。

此大悲之本質即是胎藏，依其胎藏之力才能生所有一切物，伸展一切物，而通过各个個个之場去充實莊嚴神秘一如之全其物的內容。所謂每層莊嚴之上，今此謂之秘密莊嚴曼荼羅云。

此以什麼形式之下，以用什麼風格來象徵表現，勿論有其各种意圖。但今以秘密体驗來寄在圖像的惠果和尚親傳弘法大師之所謂大師請來之現圖曼荼羅為準來解釋之。此即如第一圖，八葉中台院，乃至最外院之十二大院為之。其中央位即中台八葉院，此名之所以者因為用赤色畫大八葉蓮華於其中台故也。其八葉乃是生其物的全一大日如來以超越時間的悠遠之古昔、創造加創造大行進而來、示其過去一切之輝煌的功德行蹟者，即以其八葉來表生其物之胎內。以其中央的無數之鬚蕊包藏其胎內，示其所有一切細脆倖的一切、由其各々而充實莊嚴現出広多之功德行蹟。而善無畏三藏云由此之葉藏所包，為免傷壞於風寒眾緣，淨色之鬚蕊日夜而滋榮，猶如大悲胎藏云云。聚此無量無邊之過去之功德行蹟故、有生其物之大日如來之今日也。為表此而又在其八葉之中央、更乘寶蓮、其上更乘戴有寶冠纏天衣的大日如來妙色身。其四方与四隅与其八瓣上乘了四佛四菩薩、這是生其物之胎內所包藏之各々個々細脆倖、各々自己覺了什麼、而各々生於絕對、至生於無限的因、行、証、入之表示。此以仏形与菩薩形之外無法形容。

包藏在「胎內之生」其物之細胞体的我們，若果有意生於絕對完全生於無限，無論如何都需要打破此肉体中心為個我所因之迷妄才成。象徵降伏打破此迷妄者即是中台八葉院之當下方的持明院。其處有持明使者的不動明王與降三世明王，這乃表示依此而打破迷妄之始終的。

打破此迷妄的結果，即以所有一切物為自己之內容，才能把握滿了全的遍智。示其當相即中台八葉院上方之遍知院，其即不能被任何物所因，以三角形而表空、無相、無願之三解脫智。

而此持明院與遍知院對中台八葉院而言，即以全一的胎藏之境地，以破邪顯正、消極與積極之兩方面表分開上下去表示而已。故将持明院与遍知院合之即是中央根本体、反正将此三院合之「生」其物的佛陀聖体的表示。故此云佛部、摂撮一切对立、表大定之境地者也。

此佛部的大定境地，本来照一切之光明智慧，具備有生一切的慈悲活動，當處而展開左右者、即金刚手院与觀音院、此前者所以手執大智金刚杵之金刚手菩薩為中尊、象徵大悲為主尊觀自在菩薩為御者。由此成為大智之金刚部族与大悲之蓮華部族。

而此「生」其物之胎内所具有之、大定、大智、大悲之三德、以佛部、金刚部、蓮華部來表現而付有体系者即此曼荼羅也。此為三部曼荼羅、遍其胎内包藏之各々細胞体、至相充実拡大其内容、对於無尽莊嚴上言、此為秘密莊嚴之曼荼羅。無論如何都以此中台八葉院為中心，周圍四方之曼荼羅為第一重、但「生」其物中以胎藏之全貌來分開以靜的來表示者，「生」其物本來是動的之物，一瞬都沒有靜止而次以次之分出所有一切物，展開創造不絕地向永遠之彼方行進，此大行進之前途是無窮而多方面的，但依無數個個之細胞体為基点以上，其個体的自己其物要深以內掘下、去把握「生」其物之實体以堅固、將生於絕對、無限、完全如實的方面與將此個体為自己其物而向外広伸、攝化他、同化他広為生於大社会的方面、即云自証、前者曰体驗、後者謂教化或云化他。

若以前者為向上門、即後者為向下門，此向上向下、自証化他的兩方面之活動、亦即「生」其物之本來妙動也。

此将曼荼羅而言、位於遍知院之上的釈迦院即廣表示化他向下以之活動，此为第二重，此釈迦院即以人間界之教主釈尊为中尊而画，此为以人間之立場広大而向外伸展、攝取教化化他、表示令其生於完全的全一者。此外为伸展攝化之活動都不止於人間的立場，餓鬼、天人、其他所有一切以各々之個体为立場中心把了化他之行業。所以「大日経」的住於餓鬼立場、都画有閻魔天之曼荼羅，或天人为中心的帝釈天曼荼羅、或其他水天、地天等之攝化曼荼羅。但今即只以人間中心以舉之、其他即從略之。

対於、文殊、除蓋障、地藏、虚空藏、蘇悉地之五院、即以自証的上以之具体的、体系的而表示者，此为第三重也。此第三重曼荼羅是要打因於対立觀念而生於完全的全一之文殊智慧之作得、同時依之於消極的印消除個我所縛之蓋障、積極的印以得到大地伏藏般定一樣的功德、其結果如虛空地包藏一切而不被其困、其活用之妙成就、印系惠也之活動作得、示其才能生於絕對無限的究竟境也。

更此最外部之四方所住者、總為最外院、此印屬依攝護其內部之極密莊嚴曼荼羅的諸世天之曼荼羅也。從而更有日天、月天等之十二天或十二宮、二十八宿等、自印度一般崇拜之諸天。

要言之「生」其物的胎藏曼荼羅就是極密莊嚴曼荼羅、同時以蓮華來表現此故、又謂蓮華曼荼羅。但此「生」其物以所有一切物包藏於自己胎內、其所包藏的細胞作之各々個個都是以過去生出一切的輝煌功德行蹟、而繼續積重未來永劫而聚集，次以次次之生長展開，其即互相、相依相扶去充實了其物的內容，去構大莊嚴其實相，可以用蓮華來表現。亦可以用塔婆之形來象徵，而此蓮華以之表現的胎藏曼荼羅，可以縮少即成大日如來之三昧耶形的塔婆，此一而可表示者也。

第十四章　五股金剛之曼荼羅

兩部曼荼羅之隨一與胎藏曼荼羅並稱者即金剛界曼荼羅，此金剛界曼荼羅是象徵金剛不壞之永遠世界，同時用金剛杵圍繞此曼荼羅之名重。此即表現永遠不滅之金剛世界於如是故，此稱之謂五股金剛曼荼羅。

但此曼荼羅之中央更有五股金剛杵為緣的大金剛輪，以其中之五個月輪表五解脫，此亦與五股金剛杵同等表示五五部之五世界。

於此五解脫輪之中、其東方標幟永遠不滅之金剛部族世界、表所有一切物在一刻一刻地生於永遠、此印所謂金剛部也。同時体驗之智慧と而言印大圓鏡智也。有此如大圓鏡的明朗之悟的智慧、依此記印才能会得所有一切物生向永遠与不滅的如是。以此解脫世界之主佛謂「阿閦如來」、即無動如來、基於一切之対立觀念的所有一切煩惱或不安而動搖、表示生於永遠無限者也。而此佛基於対立觀念之下的死魔或煩惱魔等之摧伏破、為此纔有降魔之印。

此何閦仏印以無動佛之境地展開於四方、以生於無限之永遠人之金剛薩埵与將此立場去鉤召攝取一切的金剛王与將此鉤召來的一切物以為真我之內容与以熱愛的金剛愛与由此而自他平等得到喜悅之世界為現實之金剛喜菩薩為四親近來圍繞此阿閦佛。

次之南方解脫輪是表示絕對價值之体認的寶部世界，此即平等性智之境地，依此智上以一切所有物，以平等的而使其成至上之價值，依此之取扱上才能將此一切寶財之價值展開於此世界。從而以此世界之主佛謂寶生如來。左手持寶珠右手與願印。此乃是以所有一切物活用之成為財寶，同時表示賜與一切。此寶生佛之境地開示於四方者即，金剛寶、金剛光、金剛幢、金剛笑之四親近，如次來說明即：物質上之寶與精神上之智光，將此施與一切之活動，依此而得到實現而笑的境地之表示者也。

更在西方之月輪是象徵正智與無限愛的蓮花部之世界。

恰如蓮花出於泥而不染泥，所有一切物雖千態万樣地呈其景观，但總是其自性本来是清淨之生命体也。是個全一体的微妙观察上言之，即表示此謂妙观察智之境地。依此照見所有一切所有物不外是自性清淨之全一体時，油然而起了同体大悲之意動，當處才能開了無限愛的世界。當此世界之主佛謂阿彌陀如来，即無量壽如来也。總有定印与說法印揉合之所謂「彌陀定印」。此佛印一面總一心而出於無限、观察自性清淨之全一体的同時，於他之一面之同体大悲上去教化一切衆生而說法，此表示無限愛之境地者也。

而此自性清淨之全一之法其物与於微妙地观察者即觀自在菩薩也，亦即金刚法也。依此妙观察智、对於种々对立观念為基的戲論与於超越除去者即名文殊菩薩的金刚利。以此無戲論智為基因、開見此現實世界當體為曼荼羅世界者、即曼荼羅菩薩之金剛因。以此境地如實地開演給一切之所有者即曰金剛語菩薩。此金剛法與金剛利與金剛因與金剛語之四菩薩即阿彌陀佛之內證的展開之四親近者也。

其次位於北方解脫輪是不被何物所囚、標幟着自由活動、羯磨部之世界。其是或見或聞或嗅或味或觸等之感性世界與以整理統制，成辦其統制之完全所作之表示境地，依此成所作智個即由金、金通以個地展開遊戲神變之創造世界。此世界之主謂不空成就如來、何事都不敗必有成功的意思是佛。而此佛舉右手作施無畏印、表不被任何煩惱所囚縛越一切之怖畏的自由活動。

此自由世界的不空成就如來之活動開為四方者即、金剛業、金剛護、金剛牙、金剛拳之四親近。其中象徵自由劍進之活動者即金剛業，作此金剛業而保護其不被放情放逸之一切所誘惑來護其身者即金剛護也。更進而積極從突向無限之前方，同時摧伏其中途一切魔障者即金剛牙。結果其身語意之三方面活動到了完成者謂金剛拳也，此即在真言宗名謂三密合成印，表示身語意之三密活動完全合一而已成就者也。

如斯住於東西南北的金剛部、寶部、蓮華部、羯磨部之四部，以精神的而言，即大円鏡智、平等性智、妙觀察智、成所作智，更以內容觀之，即永遠、價值、聖愛、自由之四世界，綜合此等而溶融之以全一的一如而生者即所謂如來部，此即名法界體性智。而此全一世界之真正體性、与此如实地知见之境地故名者也。其印完全如太阳而照一切生一切的大毘盧遮那、即大日如来也。为象徵此体验之境地故结有表示觉猛的正智合一之智拳印。

住此法界体性智之如来部之大日如来之境地的展开时、成为四部、四智、四世界、此更扩大之即自金刚萨埵至金刚拳为十六大菩萨、此之开叙合为五部、五智、五世界、以五月轮或五股金刚杵来象徵。

然缘如何此金刚界曼荼罗之五仏十六尊都是象徵五部、五智、五世界之实体象徵故、以男尊为之。然此其五部、五智、五世界是灵的生命之表现体而常在跃动展开生成、没有静止暂时、为表现此不断之状况、即以四波罗蜜与八供与四摄及十六尊女性为主、示其全一之大日如来与四仏的关之互相供養活動。

此所用之表示能力之(Çakti)的梵語是女性故，以女尊之形來為標幟，而其所用印個由金、金通於個而發現活動，這都是要其物與要其物之互相交涉、互相崇敬之念故，表此所用印以供養之語來示之。

印個作之四仏為供養金一的大日如來而以金剛波羅蜜與寶波羅蜜與法波羅蜜與業波羅蜜之四天女來作此供養報酬，為此大日如來即以內四供養之金剛嬉與金剛鬘與金剛歌與金剛舞之四天女來示現，更以四仏座之以外之四供養之金剛香與金剛花與金剛灯與金剛塗之四天女來供養大日如來，依此互相供養而金一之大日如來益加其威光倍增，其結果才於曼荼羅之四門現出、金剛鈎與金剛索與金剛鎖與金剛鈴之四攝天女。以鉤召一切之迷者親近此金剛不壞之曼荼羅，引入其近來者為索，不再令其迷為鎖縛之，最後鳴了象徵無限之說法的法鈴，令其得到法悅。

此等之四波羅蜜與內外之八供養與四攝等十六女尊，亦云定門之十六尊，亦謂十六明妃，又其男尊的十六大菩薩與五佛加之為卅七尊，以此三十七尊來表五智、五部、五世界之實体與妙用，亦以巧妙的來表現者即金剛界曼荼羅也。

但此曼荼羅之第二重有現在賢劫千仏並在其中。此以常恆現在主義之立場而言，即表示其全一之生命体通遍各各個体而充實莊嚴其各各內容的不斷活動。又以金剛界畔之有他之五類諸天，這即表示如大自在天一樣的剛強難化之諸天亦被生於救濟体驗的金剛薩埵所教化，成為真言宗之擁護養神云者也。

第十五章 眞言宗之特質

眞言宗能在此世界存立、即自有其存立之意義價值、其存立之意何在？即可在其特質或其獨自立場來判斷。眞言宗若無具有其特質或獨自立場即沒有存在世間之意義。因此眞言宗之特質或眞言宗之獨自立場的如何即成為論題。要將眞言宗之特質或其獨自立場來的鮮明闡顯、即必需與他之宗教或教説與以比較、有將高處來反顯把握其全貌的必要。好像入山不見山、出山始可見山一樣才行。

眞言密教在印度成立的當時、其有小乘佛教之外、還有大乘仏教的瑜伽唯識派与中論空性派二派的存立、此等各々依自己之立場大張教網、但終於形式化失其精神、徒將佛与以理想化、只将完全無缺之物投影於彼岸、此逾理想化凡人之成仏途不可能了。其結果所謂要費三大無數劫的無限時間、若將積了所有難行苦行都無法成佛。好像隔了籬笆攀上樹來去望看他家之花一樣、無論如何美麗亦摸不到、還是他家之花、更加自己在高梢之上、都沒有什麼办法得到的。

如斯佛教已成理論化、形式化、理想化、遊離了實際生活、所以失去其存在意義時、以獨自的立場來看其旧來佛教而改觀、雖以平凡的方法無可能成佛亦不足、但人若以真言陀羅尼之不可思議力、即可以成佛、即此凡身能疾速實現佛之活動、於此而鼓吹新佛教宣明真言密教者也。

當處在「金剛頂五秘密經」即以其當時印度存在的旧來大小

乘教總稱謂顯教、將其比較対照此真言密教云「於顯教修行者經三大無數劫之久然後証成無上菩提，於其中間十進九退」云。又大日經說：「於無量劫勤求修諸苦行所不能得，然行真言道之諸菩薩即於此生獲得之」云。依此而言、在於印度之本來佛教、從於佛的理想化、概念化、遠劫作佛為其主端、対此真言密教即現實化之、實際化而力說即身成佛、強調疾速頓証、此處乃其特質也、亦是其獨自之立場，有印度真言密教之存在意義。

然於中國即其事情聊異、開元年間善無畏三藏或金剛智三藏等傳真言密教於中國之時，已有天台宗或華嚴宗的成立、或說龍女成佛或云疾得成佛而力說之、不是真言密教亦將即身成佛之旨趣掛於口唇、若果宛如印度單說即身成佛、即真言密教独自之立場，恐怕無法顯揚其特質如此也。然不但如此，真言密教之根本經典「大日經」之解釈者善無畏三藏或一行阿闍梨等都以印度完全一樣、將其真言密教之立場都止於當体的伝承，「說法有四種：曰三乘及秘密乘也」如此以將秘密乘、即真言密教与唯識、中論対比其完全的三乘教」，此謂華嚴、天台兩一乘同樣之物處理。更如不空三藏之「変化身之仏是為前之菩薩及二乘之凡夫說三乘教、自受用根身之仏是為從自心流出之無量菩薩衆說三密之法門」云。擬在能說之仏身上試其發揮真言密教之特質、但此尚不能脫出「三乘教対真言密教」之領域。於中國之華、天兩一乘而対比、看真言密教是占什麼地位、供有什麼特質在、都尚未完成了学的系統的去批判說明。

此中國密教由空海大師以大同元年十月学去，由唐國
、於編纂隨即撰寫「請來錄」及其請來之經典等，奉奏朝廷說
明真言密教是什麼物，所依之「金剛頂五秘密經」或不空之「表
制集」等為基之「顯教是印度三大之遠劫，密藏是十六大生為
顯、遲速勝劣，猶如神通與跛驢」而強調密教之增。力說密
教比他教為勝，但都不出「三乘教對密教」之範圍。
但當時之日本已有俱舍、成實、法相、三論、律、華嚴
之六宗，榛立於南都，於北嶺亦新創天台宗、各各張其門戶
割據他乘，介在其中間的環境下，大師如何地開創真言宗、
宣布真言密教，若只用「三乘對密教」之教判而已者，無論如
何都無法屈服華嚴或天台之一乘教，或凌駕以統制，要樹立
真言宗之新教幢是万不可能的。

當處大師印將此華、天兩一乘教亦考慮入之，以顯教中之声、緣二乘或法相、三論等之三乘為應化身之說、華嚴或天台之一乘教為他受用、報身化之說、對此真言密教為自受用、智法身之說、所謂以作「三身二教之教判」。

「此三身二教之教判」不知何時被至唱道是沒有正確年代。最少亦在大師御廟朝後經過九年歲月之弘仁六年、是時其体系大概都整備、其四月一日「有某記」云「楞伽經」之引用而明真言密教之特質・報身、化身之所說的一乘三乘教都是隨機方便之說法不明佛自證之境界。只限以法身佛之所說的真言密教才有說此、以強調之。特為華嚴之「十地論」或天台之「摩訶止觀」表記之、顯之一乘教云仏自證之果界為不可說而默視批議者也。

其望、弘仁七年五月、最澄修書寄泰範、「法華一乗与真言一乗有何優劣在」也揣言、大师代泰範駁之「法与应之佛不得无差、况乎顕密之教何无浅深」云而昂揚真言密教独自之立場、経過种々訓練、華、天両一乗所包容之顕密二教判之大师思想之完全大成者即「弁顕密二教論」其揚也。

此之「弁顕密二教論」果是何時的撰述、亦无需要知其确实年時、但依智山之運敞师所云者、若大师之「広付法伝」之於末尾「法身説法章」之語、就是指明法身説法之大義的「弁顕密二教論」者、最少此書即在弘仁十三年已前成立是无疑的。此之「広付法伝」的略述的大师之「略付法伝」即是弘仁十二年九月所撰述故也。

思之、鮮明真言宗之特質、昂揚真言宗之独自立場的大師之教判思想、其後益加円熟完成、不但二乘、三乘、一乘等之佛教而已、広及於印度之婆羅門教或於中國的道教、儒教都攝取之、予以檢討批判、對此等之與真言宗所占地位、特質、完全以新的看法上鮮明之，付與体系化者、即其「十住心論」十卷與「秘藏寶鑰」三卷也。

此「十住心論」與「秘藏寶鑰」不知何時之御製作是無確實之時間。但「十住心論」即有「發天之恩詔而述秘義」云者、「秘藏寶鑰」即有「我今蒙詔撰十住」云云、都是應勅之御作故、若如仁和寺濟暹僧都所言、果如護命之「法相研神章」或玄叡之「三論大義章」相同是奉淳和天皇之勅的造進書者、即是天長七年、大師五十七歲當時之御作是不得否定的。亦可以窺見思想是円熟時的大師晚年之物不知也。

無論怎樣大师即以真言宗為如實闡明此仏自证之体驗世界為能事，且依此真言宗而能以一切之物為全一地交涉關連一瞬一刻地向無限於生活、同時能見到真我之姿、体驗其神秘活動。人若依此真言宗亦得開展慧眼、其當時見到了真我之姿的天地真相之知見時、就悟到天地間存在之所有物悉皆是真我之內容、同時其一事一物都以各々的立場以宇宙為背景、一一都生於絕對的無限、而其各々的獨自立場去表現其特異、並与爛漫競美、未莊嚴宇宙的無尽之自己任務。

此無尽莊嚴之真正之我之內容、以如實知見而体驗、乃是真言宗之特質、同時為導此体驗境地而以時有現出五百由旬之化城、又時而為慰無知之小兒而与以楊柳黃葉等、或機或處、以種々方便說法者乃不外是二乘或三乘或一乘的顯教而已。此在大師之「弁顯密二教論」之所云「所謂化城之息賓、黃楊葉之鬼、何能保得恆沙己有之無盡莊嚴乎」而喝破之。

大師之後、禪、淨土、日蓮等之佛教各宗、漸々崛起其種々樣々的新興宗教、依各々自己之立場張教線、於種々方面呼引民眾、但到現在都未至發揮其恆沙己有的無盡莊嚴。若果真言宗將此發揮之、体驗之、宣揚等為其特質以上、其存立之意義是跟天長地永遠不失的。

第十六章　真言宗之顯密二教

在於真言宗、以一切佛教分為顯教與密教、其分為二教的由來極古、已在龍猛之「大智度論」中說及仏法有二種、一是秘密二者顯示有「而判秘之、但於此所謂顯示者即言以出家修道者而露出時代之表面、讓人都一見易知他是声聞乘。秘密者以方便力、和光同塵与民眾不分、雖不離於大眾人目、都是俱有秘奧深遠內容的菩薩道，當時之佛教即只有此声聞道与菩薩道、即小乘教与大乘教其外都無他。其後「大日經」或「金剛頂經」等成立、其教之內容深密、秘奧不但直示仏之內証体驗而已、在其宣布方式或灌頂等之秘密化儀上与眾特別不同故、終於呼稱為秘密佛教也。對此在社会之表面所顯露宣布之小乘仏佛或唯識、中論等大乘佛教亦悉皆稱為顯教了。

但是「涅槃經」或「円覺經」為始，其特殊之經典都將而附了密藏或秘密藏之名亦有之、此等之經典都是以為闡示妙秘之秘密体驗的見解為基調的。依彼之「賢首大師」等之「華嚴經」即為絶其声聞等之見聞思議上、而呼為秘密教也。

而於密教或秘密教或秘密藏等名、雖不限於心定為大師之開創的真言宗、依其内容或形式来見之、密教或云秘密教之名是最親於真言宗者、此以其成立之事情而言、都是最根本的之物也，反之余之經典或宗教稱為秘密藏或云秘密教之名者、完全是一時的之假稱、不過是方便的見地而言，弘法大師即以自己開創之真言宗、即名為密教或秘密教、真言密教等、其他之宗教悉屬於顯教。

即依大師而言「顯密之義是重々無数的：若以淺望深、深即屬秘密、淺略即是顯、故外道之經典又有秘藏之名。如来所説之中顯密遂是重々。若佛対以小教之説法、対於外人所言即有秘密之名、以大比小即有顯密、一乘赅三故以立秘名、總持（陀羅尼）是得還多名而得密號。法身之說是深奧的、應化之教是淺略的、由此故名秘。云云。

如斯顯密之義雖是重々、只有法身佛之所說的真言教才是特殊深密的、故雖名為密教、是什麼宗才是所謂大師的深密々教秘奧、這些都需要說明的必要。當處大師是以六經之論為背景來立說論述的。今要約之、此即法身之說法與果界之說不與成佛之遲速與教義之勝劣的四論宗為指肩。先第一論宗的法身說法一瞥之、大師當時之宗教、已有法相、三論、俱舍、成實、律、華嚴之南都六宗即句論、比叡之法華、至天台、都是歷史上之稀尊以為基本者、假使華嚴或天台的毘盧遮那仏都常掛在口唇上、這完全是一稱對釋尊之美稱而已。然於大師之真言宗而言，此歷史上之釋尊以為法身佛之化現的變化身，都置於第二位置，以其根本地身的法身佛為根本佛而以奉仕崇拜者也。

此法身一語並非真言宗之專用語，広為法相或三論或天台或華嚴都是常用語，但此之所謂法身者，都像真如或法性或空性相等的單之抽象理念，或止於理体，決不用於現實之仏而處理看待，縱而其法身会說法等事完全以為不可得之事。反之以此法身為靈格具備之常恒現在佛，彼之釋尊是歷史上之人，已隱在涅槃之雲中現在不現者也。此法身佛常恒地遍在宇宙，常放光明而常說法，常度一切而無休息。但凡夫以罪故不能見聞，喻如太陽赫赫而盲者不見，雷霆而聾者不聞。力說此法身之說法，謂廓宇宙之神秘之處才有真言宗之所詮。而感得此法身之說法與体驗、此以文字來表現者即是大師之真言教也。

次之第二論點、果界之說不明問題、此處之所謂果界者或云果分、乃仏之神秘体驗事，此神秘体驗世界是所謂冷煖自知之境也、在非自己之体驗世界之直參者、不能容易味得其風光的体解，而此在我人之言語、心量以之思惟、表現、論證、都完全不可能的見地，由此法相宗或三論宗等都以言斷心滅、或言亡慮絕、或百非洞遣也莫視之、如華嚴宗亦以果分不可說也，還於言詮之埒外也。

但於真言宗以特定之文字言語、特种之手勢事象為標識而象徵，以得到此等之不可見聞不能思議之神秘境界的秘密体驗世界的直接見聞思議而表現之，直示此神秘体驗之果界以表現、解說的以特種之方法是此真言宗之特質。

其次之第三點是成佛之遲速問題，其南都的法相宗或三論宗、都以遠劫作佛為基調，而對大師之真言宗即說詳明的即身成佛之旗幟。又如龍女成佛或疾得成佛為口說的天台宗或華嚴宗都是單的理論為始終」不知如何方法實現之完全跛驢」者，予以叱責之，以彼等之法為入真言道之初門而已而判明之。特此即身成佛之理論並特說其實現方法之三摩地之秘觀並以說示，之處即其處有真言密教之優越性。此乃密教成立以來尤為強力地主張之處。

最後教益之擴大問題的第四論點，思之大師之真言密教即與他教有異，以法身說法為基本故，其教法無論如何都置力於無限絕對，以此天地間存在之所有一切事物，互相交涉關連、無時地生於全一、不捨吾々自己之立場、建立自己之世界、吾々以宇宙一切為背景、体驗其生於一瞬一剎間於無限絕對的教。大師說「人法法爾也」、「何時興廢、機根絕々也。正像何分」云者、言人、言法、其吾々都皆是絕對者無限者故機根亦無上下之區別、時亦無正、像、末之隔。從而其教法什麼適應於上根、下根不適應、什麼正法、像法之時代有效驗而已、經末法之今日不適用、這些觀念在真言宗無之、是適正、像、末、一切時代、慢上、中、下之一切機根；何時何處都適應一切人與相應、此即真言宗也。「若果信修者不論男女皆其人也、不擇貴賤悉皆其器也。」又云「明暗不在他、信修忽證」云云。

住此立場、大師在其「辯顯密二教論」引用其「大波羅蜜經」、明此真言宗、以他教為法救濟的極重罪人亦可以攝取。又其十住心論云四藏（經、律、論、般若）之藥、只能治輕病、不能消滅重罪、所謂重罪者四重、八重、五逆、謗方等、即一闡提也，通醍醐味治一切病的妙藥之總持妙藥、能消一切重罪、速拔無明之株杌而說之也。

若上根、上智之人、不求外道二乘之法、有大度量而勇銳而不惑者宜修佛乘，若欲證菩提心論之文而云真言密教是上根、上智之教、不通於下根者等說亦有之，但此只是止於真言密教之指導者、能化之阿闍梨的權巧機緣之事，並非對於一般人的說法、以普通之人而言、無論什麼程度什麼階級的人、若有信修的決心、都有相應其人教益所洽的法與機會。

第十七章　真言宗之十住心

以自己之宗教為密教、其他為顯教來大概地比較對照、以宣揚其特質的顯密二教判外、大師還著有「十住心之判教」若以顯密二教判為大体論或為大觀論者、此十住心之教判完全是詳密論或云細觀論了。此彼之顯密二教判一口而云顯教、但其中亦有种々宗教、如其教法之內容千差万別、細言之、亦須具体的对其各々之宗教予以檢討、对其一一的宗教是否具有真言宗之立場或特質在那边、加以別論調查的必要。

古來顯密二教判以為橫的教判、十住心之教判為竪之教判。但此二种之教判分為橫与竪者、並非大師之時代、依如実之「冠註十住心論」之玄談、去大師約三百五十年、文治華嚴、高野山有「俊晴」、其俊晴開始使用此橫豎之教判之語云。無論如何橫之教判者，以自余之宗教一樣地大体上作為顯教的教判。豎的教判者以自余之宗教各々別々階級的而論別、此以巨细去審查者之教判。此等以橫為平等、豎為差別、稱謂二种教判。

此等之二种教判中、特特大師之十住心之教判的開設過程之所以來考察時、此乃以「大日經」之住心品為基準、闡明真言密教之真精神在那边否、真言行者之住心、即安心是如何地確立、發展的次第等种々宣明為主眼、兼依此而將真言密教與其餘之他教之顯教二者間的關係的詳示者。亦即全圓如實發揮其真言宗之特質而已。此事於大師之「十住心論」云「今依此經（大日經）顯真言行者之住心次第、顯密二教差別又在其中也」云云。

其「大日经」之基本的，大师欲宣揚強調者即真言宗之真髓之如何，此即「如実知自心」，亦即真我的如実之知見与体驗之外無之。此於「大日经」之文相云「若分段、若顕、若形色、若境界、若色、若受想行識、若我、若我所、若能执、若所执、若清淨、若界、若處、乃至、一切分段中求之不可得也」云也。極其消極的而處理之。但大师在其文底所潛之義趣上，与以積極的去闡顯说之，其是「究竟覚知自心源底如実証悟自身之数量」云。

思之一般人以此肉体為中心的物質我，或以假我误認為真我，但真我決非孤立的存在，是以宇宙一切物為背景与前景互相交涉關連之間生於全的真我者，其真我即遍満色各之個体而生之上，假使以物質我為立場為中心亦只是個中心或立場的表示而已，若離開周圍之環境，一刻都不能存在的，生在其環境中，与其成為一体，才是實際之現實了。將其孤立的，以為自己或為他人，彼此等微細去分析者，即是將生於一体之全現實，暫時以理性上抽象的概念而已。以實相的宇宙而言，是有全而無部份的。

此全一之真我，以現在之一瞬宿過去之一切時，孕未來之一切時，以一瞬一刻地間無限而生的。其真我之心神是如何者，此即連宇宙之一切之心成一体，其真我之身体謂何者，此又連一切而無數量無限，不單是人体而已，且与山河草木，恒及天地間存在之所有一切形象，無一不是真我之姿，或身体者也。

而此真正之我的身心即網羅了宇宙一切其內容、其一事一物都各々生於無限的絕對者，其各々以獨自之立場、各々表現其異，互相奸競而不斷地充實莊嚴全一的真我之內容、一瞬一刻地生於無限的絕對之真我實相，大師說秘密莊嚴或「無盡莊嚴、恆沙已有」云云。

此秘密莊嚴之真我真相擬將其如實而知見体驗，即真言密教之真精神也。菩提、即真之悟也，其悟者並非通途佛佛之所謂的固定的之物，都是常在生生而成長進展，於其初、真我之知見雖屬幼稚、次第發達、終至把握了秘密莊嚴之真我全貌而得如實知見、此悟之境地以如實動的而觀察說此淨菩提心之續生之處，即又是真言宗之特質也。而在「大日經」云「心續生之相是諸佛之大秘密也外道不能知」而說之。其心續生者、拋其低級的肉体中心之自我、只能以孤立的物質識者、由周囲之种々因緣所誘發、遂生了宗教心之芽而張了葉、開了花、終於結了果實、至於体認到如實的真我。次第而續生躍昇、這些過程開為十种者、乃大師之所謂十住心、今將列其十住心之名目如左也。

第一異生羝羊心－愚鈍比如牡羊之心

第二愚童持齋心－能思至持齋善根心

第三嬰童無畏心－依信昇天得無畏心

第四唯蘊無我心－認五蘊之法為我性心

第五拔業因种心－至拔除業煩种子心

第六他緣大乘心－思拔他人之大乘心

第七覺心不生心－覺不生不識之身心

第八一道無為心—離為作造作之对立体驗一如之心

第九極無自性心—諸法常生起生動無固定之自性心

第十秘密莊嚴心—体認秘密莊嚴之真我之内容之心

如斯由淺入深、秘密体驗之住心、即安心分為十種而展開者即此十住心。同時一貫此者即如實知自心也。亦即所謂如何去体認知見真我、而大師明示了此如實知自心与十住心之關係，「此之如實知自心」一句含有無量義，豎表十重之淺深、横示塵數之広多也指摘之。

大師之十住心如以上所列，一面有發菩提心、即悟之心或宗教心或其進展過程的闡示，同時又有一面依此而以真言密教去比較余他之宗教的顯教的对照宣明其如實之特質故，自然此十住心有对内对外地分為二方面。

　先対内者、在於真言宗独自之雰囲気中、要闡明其宗意与真精神得到其真象的方向、謂唯密之十住心。此唯密之十住心中、令真言行者之宗教心漸次向上進展、遂而得秘密莊厳之究竟境地、為示其過程之向上一面、更得体験其秘密究竟者、為攝化拔済一切衆生、必在其衆生之宗教心之發達程度、施設各種法门、有其示宗意之向下的一面。普通前者稱謂心續生十住心、後者謂深秘十住心。

対内的方面
├ 向上的｜心續生之十住心 ┐
└ 向下的｜深秘之十住心 ┘ 唯密之十住心

　其次対外的、対余其他之宗教的顕教要示明真言宗之特質或立場方面、謂顕密合論之十住心、又云九顕一密之十住心。此乃十住心中之前九為顕教、第十為密教、以前々浅近、從々深奧之次第而比較對照、以最後強調真言宗之特殊、其關係圖示之即如左。

对外的方面

- 第一住心－教乘起因
- 第二住心－人乘
- 第三住心－天乘
  - （第一至第三）－世間道
- 第四住心－声聞乘
- 第五住心－緣覺乘
  - （第四至第五）－小乘（二乘）
- 第六住心－法相
- 第七住心－三論
  - （第六至第七）－權大乘（三乘）
- 第八住心－天台
- 第九住心－華嚴
  - （第八至第九）－实大乘（一乘）
  - （第一至第九）－顯教
- 第十住心－真言－秘密佛乘－密教

（顯教、密教）－顯密合論之十住心

第十八章 達磨禪与真言宗

由宋西域道元伝到日本的臨濟或曹洞宗、勿論是在大師以後鎌倉時代成立的宗派、在大師之教判中雖無包含、或其基礎之達磨禪已在唐朝盛伝着、大師入唐時南嶽禪之百丈懷海或青原禪之藥山惟嚴等都大為達磨禪而宣揚、大师為專攻密教的立場、未經直接伝授、但在大唐亦親自接受禪風而有関心之處是不難想像的。

這是弘仁四年、叡山之伝教大師、最澄、為借覽般若理趣釈以写得之請求的答書中云「密藏之奧旨不以得文為貴只在以心伝心」云。弘仁七年以修禪之道場而奏請賜地於高野山、「自古在日本猶高山峻嶺缺四禪之客、幽藪窮嚴稀入定之賓、此因為禪教未伝入住處不相應之所致也」。等依之可思過半矣。勿論大师在此修禅，言以心伝心、當然不是指達磨禅，以心灌頂的秘密禅或密教独特之五相成身觀的指摘為主，但將達磨禅入於考察時，可以說是將其精練淨化之上之物是鮮明的。

元来密教与達磨禅之関係，大概在正純密教伝来中國才開始的，其是属於北宗禅，一行禅师之師的崇岳、会善寺之敬賢与善無畏三藏之討論有関禅的問題，西明寺之慧警筆錄之「善無畏禅要」就可以看出。

即依其無念無想為基調的達磨禅以上而明秘密禅之妙論「初学之人多為起心動念而恐懼，絕其進求，以為完全是無念為究竟。但念有善念与惡念二種，不善之妄念勿論是要除，而善念決不可滅，真正要修行者，應增修正念，正至於究竟清淨方成。如人学射久習而純熟、念念而勤行住便定、不怕把心、不畏生心、只恐有患於進学為是」云。

依此見之如是可以明白、此之「善為畏禪要」之观察禪与達磨禪相似不是為相禪、以正念為对境的集中手段之有相禪、又以学射來譬喻上乃是漸漸修行積功、次第到達悟境為強調修為。有於神秀之北宗禪類似之矣。

古來南頓北漸都同是第五祖、弘忍之門下、北宗禪之神秀即以「楞伽经」云「漸淨非頓、如菴羅果漸熟非頓也」以為基調「漸漸修学必到成佛」為主眼、反之南宗之禪祖的慧能、同是「楞嚴经」之云「明鏡頓現、日月頓照、藏識頓知、法佛頓輝」云之「四頓之列」或其他依「金剛般若经」不经修行之過程、直観的、瞬間的而力說至証悟之境域。

対此之修行或準備、在南宗禪雖強調頓悟、亦決定不否
拒、如其趙州突然遇落雷而開悟、或德山吹滅灯火而大悟
等等、以其大悟之瞬間而言無論如何瞬間的或直观的、頓悟
是不違者、但自古至今不知行了幾多路経而言、都非本來
之大悟、以捨身命而探求、做工夫、参究道理、耐悶、惱
而悟來的結果、所謂到了禪的茂火矣、其印不知謂什麼機
緣而爆發、豁然脫落小我而悟得大我而已、而通观其前後
始終時言漸修云頓悟都無大異者也。
其「無畏禪要」云有禪経驗之真相的描寫、修禪观的当中、
突然的契機之觸摸中、瞬間的宛如電光一樣、身心脫落現
出悟境、但其是暫時而滅故云剎那心、此之体驗後念々加
功、如流水之相續者謂流注心云。更積功不止灵然明徹覺

了身心輕泰而可玩味其境，此謂之甜美心，依此而起伏隱顯之心之動亂離散謂攏散心，離此散亂心達無染無着到鑒達明円之境地謂明鏡心」。

言南頓之悟，亦不出此禪經驗之五种過程之剎那心。昔有云「是惑頓斷如破石」的境地，大概都不過此。其黃檗之師家「大悟十八遍，小悟不知數」亦是如此，依此思之，南宗禪之頓悟以瞬間性為限，亦有重操修練的必要。

臨濟宗或曹洞宗或黃檗宗即不問，無論如何都屬南頓禪之系統，極其一心之真相以活生生之姿去把握者也。其方法之禪是無相禪，其「伝心法要」云「動念即乖」或云「學道之人，若真不能無心，雖累劫修行終不成道」云，如斯徹頭徹尾無念無想為基調者。然密教禪即不必恐其起心動念，以善念或正念集中於月輪或蓮花或金剛事物對象之上，以此為堅持為之特質。

此一行禪師而言，禪師參於北宗禪之祖、神秀之高弟的普寂、達到達磨禪之後，就善無畏、金剛智之兩三藏學密教、特將其密教之根本經典「大日经」，就依善無畏之口說而撰述二十卷「大日经疏」。

其「大日经疏」中到處都以心宗或佛心宗自任，暗其禪風之光芒，对於說示密教精神特由云「心自心證心自心覺」或云「自心記菩提，印心修万行，見心之正等覺，證心之大涅槃」云之強調「心字」。又南宗禪之所依之經典「金剛般若经」之所謂「無所住而生其心」之語轉用之於「大日经」之「住心」之語作結釋者也。

對之、遼朝之覺苑即「一行禪師是大日經義釋、即作大日經疏、於南宗禪與北宗禪和会、而歸入密教之法界」、如此禪師對於北宗禪与南宗禪都不厭地歸入秘密禪的樣子」，

其是禪師由北宗禪出發而不拘、有着其不滿足之處、被之慧持与慧忠与其兩比丘尼、都批評了普寂之一派的北宗禪云「所論未盡其義」而公言之時、普寂門下有不少激昂者排斥此兩比丘尼、只有禪師認同於此兩比丘尼、大為敬服、以此位說都可思過半了。

於此禪師相同以秘密禪為立場的弘法大師、即以什麼角度去看無念無想之達磨禪或取扱呢？！大師与天台大師相同亦將此達磨禪為教外別伝亦立文字上公判、或說在其教判中、但認為「一心翫利刀是顯教、揮三密金剛是密教」云、以夫

師之判釋攝之，此全心與相之達磨禪印屬顯教是不予置疑。但是其顯教中攝於什麼地位的問題、大師以前、已為華嚴之祖、且為荷澤派之禪祖之澄觀或宗密等、以此為顯教還於円教之次位故、大師又各自以円教任之。佔華嚴、天台之次位、所謂攝在三論宗之中的看法。後面在大師之十住心的第七住心印屬之三論宗、其說明有「心王自在得本性之水、息心數客塵動濁之波、乃至悟心性之不生、知境智之不異」等都可以看做表示達磨禪之思想。

要之、禪宗言云教外別傳、不立文字、都不是完全沒有立文字的、只是滅情止念、要到悟境之上而言、此者、以此為真言密教的立場為限、此即說一心之利刀屬顯教、是遮情之遮遣、掃外塵為專一、不出三論宗之域外者也。

第十九章 淨土教与真言宗

藥師之淨土或阿閦之淨土或弥勒之淨土等凡是願求淨土之宗教為之淨土教，其範圍是極其広漠者，但至今所謂淨土者主以阿弥陀如來之西方極樂淨土之願生的宗教為常習。現在伝播之融通念佛宗或淨土宗、淨土真宗都屬此。

此等之淨土教謂何比他之淨土更以特別為西方極樂淨土為主要強調者，即所謂此之極樂世界之教主的阿弥陀如來之願力，殊為広大，攝取力依，生於五濁悪世末法之衆生而言，此淨土即最親切，於以容易往生故云。

於真言宗並不是沒有說此西方極樂淨土，但此即不在大日如來之華花藏世界之外，其「秘藏記」云此之華藏世界是在最上妙界之中故，言極樂，如此言極樂世界云華藏世界」

都是異名同体而已、言西方、言十萬億土不外是方位或功德之標幟而已。要之、以觀真或以觀照之世界、不如其淨土教、以西方十万億土之彼方有實在現實之世界的看法、即密教之特質也。

元來此淨土思想在小乘佛教無之、全是大乘佛教之中只有發生者。菩薩自己依修行而信成佛之可能性、同時成佛之曉擬建設各々之理想國、於其中完成一切眾生、所謂淨佛國土、是於成就眾生之誓願、種々樣々之仏、於種々樣々的方角、建設種々樣々之淨土的思想都在種々之經典中說之。但其理想國之欲求愈熾盛、將來理想國的建設思想於此一轉、種々樣々之佛已經成道、現在已經現了色々之現實淨土成攝引各々一切眾生的各種思想、至於一切眾生意移生此、所謂生起往生淨土思想了。

而將此淨土思想大别之、自正為建設淨土、所謂淨佛國土思想与已經由他建設成了的淨土願生、往生淨土者也。其中真言宗之淨土觀是屬前者、現有之淨土教即屬後者也。

此淨土往生之思想在印度成立者、大約在末法思想所負之處為多。於中國自北齊時此末法思想盛行時、對此而辟心者輩出、特别如唐之道綽或善導等主張時教相應、正法像法已過、已是末法之今日衆生之機根漸次低下、以佛行証等到底是不可能、故鼓吹誰人都可入、可行的末世教法、勸說往生既成實在的西方極樂淨土往生、此在日本之良忍或法然或親鸞等之諸師繼續踏此、各各開創一宗、即今日淨土教也。

但我真言宗即如大师所云「人法即法尔也」，然广何时、机根绝々何分正像而说之。完全立脚于常恒理在主义上，[illegible]如净土教那样的思想，同是西方极乐净土，其看法不同，真言宗即为观照之净土，己心之净土「三昧之法佛本具我心」，乃至、安养、观史、本来胸中也以此大师之言而明者也。

而此观照之世界以如何来显现，或实在世界之净土往生怎样才可能的问题而言，这即以其净土之教主的佛之专念忆念，即念佛为主眼也。其念佛亦即观照世界之净土观即以仏之相好、德相、活动等一切方面去观察思惟，「大智度论云，初念仏十号、次念仏之三十二相、八十种好及神通功德力、次念仏之戒定慧解脱解脱知见之五分法身、次又念仏之十八不共法等顺序，其五「坐禅三昧经」即观仏之形像的観像念佛、為観仏之相好而広説実相念佛。

依此等之念佛、仏之姿能顕現行者之眼前，即所謂般舟三昧、又曰一切諸仏現前三昧、或云仏立三昧、共此佛俱観見其背景的浄土的現前、乃是真言宗之道場観也曼荼羅也。

其為往生西方十万億土之实在浄土的念佛、最初都有観其阿弥陀佛之形像、或相好、或实相而思念憶念為主要者、但中国之善導大師以「無量寿経」之乃至十念之文解為称名念佛、以念佛之中此称名念佛為最簡易行法、而有効果的是他上盛為鼓吹勧讃及此称名念佛即為浄土往生之正因正行、其他之事是助業不過是雑行也云。現在日本之浄土教亦继承善導大師之称名念佛以為往生極楽之正因正行。

弘法大師之御一平安朝之末期至鎌倉時代日本之淨土教成
立故、勿論其是大師之予想不到之處、其判教中無包括乃
是當然之事了。但日本淨土教之源泉的善導系之淨土教、
自古已在中國傳播、大師入唐當時、此善導系之淨土教徒
那人法照之五會念佛非常盛行、又不空三藏之門下的飛錫
對於密教思想或天台思想亦攝取此淨土思想、著有念佛三
昧寶王論、鼓吹淨土念佛、大師亦親為接此着得以想像也
。飛錫之念佛思想、由普佛普教的見地上、以一切衆生為
未來佛而憶念禮拜、雖以往生極樂國土為提倡、這可以看
為是心是佛之觀照淨土、完全於密教之曼荼羅思想合致、
故大師亦則密教同一視之、都可以明白的、但法照等之善
導系之淨土念佛思想、是如何視之、怎樣取扱呢了。

此対大師之判教思想而言、其當時此善導系之淨土教、都率伝到日本故句論沒有說明之必要、從而大師不取扱此、但依密教之見地来看、西方極樂世界之教主阿彌陀如来是大日如来之一德、掌一方面之佛、於密教彼之不空三藏云「此佛名無量壽如来、於淨妙佛國現成佛之身、住於雜染悪世五濁、変成觀自在菩薩」云、時而以阿彌陀即無量壽如来与觀自在菩薩同視の其大衆化通俗化、形式化之善導系之淨土教、即止於機械的力說稱名念佛、由此可以往生西方十万億土之極樂世界、當家隨心所欲者、完全是利己主義之甚無如此者、与印度之生天教等並無不異、但此教內之施設者的善導大師的精神而言、以此稱名念佛而取除其根於小我之一切「計較心」、令其淨心為唯一条依阿彌陀如来之境地是在大師之十住心中，屬於第八住心的空性無境心或相當於一道無為心，大師以此為阿彌陀仏同体的觀自在菩薩之法門上來推時，此善導系之淨土教可以攝在第八住心了。

大師入定後天台宗之円仁、法照將五会念佛伝入日本，於叡山建常行三昧堂，於此不斷念佛而大為宣伝。繼来空也、源信至良忍對華嚴、天台之思想上攝取淨土念佛，稱為彌陀道授之法門「一人一切人，一切人一人，一行一切行，一切行一行，十界一念，融通念佛，億百万遍，功德円滿」八句為本，開創融通念佛宗，於津々浦々盡弘通。

由此情勢所刺戟，我宗之覺鑁上人著了五輪九字秘釈或阿彌陀秘釈等著物以密教之見地力說淨土念佛，其後法然之人撰述「扶桑新念佛集」開淨土之一宗、高野山正智院之道範又著「秘密念佛抄」三卷、由此明其淨土念佛與密教之立場。

第二十章 真言教學之歸結

真言教學是什麼、以種々角度來考察之結果、結論是要覺見真我為其出發點、生於其真我的完全如實之生才是真總歸結。

其「大日經」云「云何為覺、曰如實知自心也」云。即覺見內面真正之我為主要目的、大師以此謂內外而展開二面、「究竟覺知自心之源底、如實證悟自身之數量」云者即不外是體驗此自身的真正之我也。

此全身全靈而體驗真我、為生於如實、於寢於覺不得忘記此真我為何物、以無疑而成為真實之物、安住心於其上為所要「此大日經」云住心、禪与淨土為安心稱之。

此安心或住心即心安於一定对象故、其所安住之对象是不得有疑而予以肯定、有此認識之心才成。此即是信心的同時、若無对其信心、雖言安心、安住都失去其安住之據真、言住心云安心、有信心為主、其上謂信心、住心、云安心、總之都是同一過程之心理現象也。

如病人依医藥而信之安心、貧乏之人得金錢而安心、信其医藥对病有效驗、信金錢能救得貧乏之技也。單的安心不必一定依宗教一樣、單的信是在實在生活的普遍一切處而存在的、亦是広大地展開其心理現象的、夫婦、兄弟、朋友等所有一切人之間、若無相信之心理現象、即無法真正的家庭生活与社会生活也。

此信之心於宗教上表現時即所謂信仰或云仰信，其是特对象為真実之物而信之心，並非信而已，以為尊重之物，譬的物，感謝之物，予以賛仰，崇敬，為依靠去礼拝不可，其實才有宗教的信仰之特質，當處亦才能超越所有一切之対象，以絶対者的真我，於信仰上所仰与能仰之物，或現実与理想之対立之姿，所置之仰者自為現実之凡夫，所仰之理想偉為有灵格之佛，以之為依賛仰，由此才能被其攝取包容，及其理想物的佛合一。

此超越対立的絶対者之真我，即成凡聖対立之姿時，应通其対立才能再見凡聖会一之境界，於此處才有生命偉的真我之妙諦，真我即真的宝貴而感謝的至尊至聖之物，亦可以発揮本来的真面目了。

從而照一切、生一切的大生命体之真我上去安住其心、真言宗即曰住心、或云安心、不但信其対象之存在而已、其是具有灵格的大日如来、需其攝取之手、包容我們救濟我們、深感難得尊貴的聖者之處、才有宗教心的信仰力湧出。依此而言、於真言宗為生於真我者、起碼要信仰其有灵格之佛以為実在的存在者之心、以全身奉獻其全灵、深信也般依此、才能於真実境地上去入住安心住心了。同時更進而為其住心或云安心之堅実、亦必需対真言宗的有関之理解、次以次之漸々推去深入不可。這些必要有教史的疑念及大疑来。此乃是佛之灵格、教説等為純正、全的信此、為自己之力的不足處、不明瞭的実或不當之個所都会出来、起了種々的疑念。

此大疑決不会破壞信仰，更能加強信此之疑實，否即無法實破疑念，若無此疑緣亦決定不能產生理解。而佛教經典往々稱揚此疑，「譬喻之人即不生疑，能生疑者必破諸有（述）」云。又「有疑皆即聞法，聞後意解之即得開悟，開悟已即生信心」而說云。

如斯以大疑爲基本，思而考之，疑加疑的結果，到了思考路絕的最後決著矣，其處拂除了一切之抽象的概念或「計議心」，此是全體露之處，芽生的確信，或入信解之境地。其善無畏三藏云「有一事之真實不虛者，我即此也，我即此者在我決定即法界之諦信」之境地也。

真言宗之使心或云安心即基於解解我即法界也。貴天地通徹法界之大我，即大生命体之真我爲其對象故，東此上這些現實的凡夫我們、當體即是聖者的佛了、此古來謂凡聖不二之安心。

「但此自己是佛是法界」的自信之覺醒、因為自己是佛故、非去作佛的活動行為不可、不成佛心的所有者不可。當時自然對自己之人格會向上、又於外界之一切物悉為真我而信其是佛之表現，亦能得對一切所有物不輕賤、以對佛同等的信念、禮拜他之一切而供養者也。

而此我人自信是佛的同時亦敬仰他之一切為佛、不得自厭自卑陷於無生氣、又輕賤一切而貢高自己、以一切為仏與仏之交涉關連、生於家庭、國家、社會之安全之處、才是充實莊嚴真我之內容。此乃只是映於心眼的神秘妙動故、大師以此謂秘密莊嚴之住心、或云安心。(是大安心非小

我之自私妄心〉

第二十一章　法爾自然之經典

人住於此對立之世界為限，都有種々之不滿或不安或苦，住此多惱不完全的對立世界，而不被其困於是超越解脫之對於事物之看法想法處理方法予以一轉之處，起初才能開展宗教之世界，於苦中忘苦，以苦為創造樂之前提，於不安中去發見平安與歡喜，才能沐於法悅之中也。

此宇宙自然即是生命体的真我之表現，這當体即法身佛之姿，但一般實際遇到洪水或地震或火災，身處其中連自己之生命都危險的時候，當處都沒有認定佛姿之餘閑時間，只讚自然之威暴的偉大，而對此之自己深感如何地遇到慘淡之存在外，只向天空歎聲無賴而已。

但將其危險脫身、心裡暫次平靜還歸原來、反省而改變其看法與想法、其洪水、地震、火災等是為自己之誡鞭、叫醒自己本身的警鐘、有此反省的內心啟示、其處才有輝煌的慈光照曜深厥溫馨、而認見佛之慈悲在內心顯現、見出自在法悅中的自己。

「若無行寒熱地獄的茶柄杓即無苦」，無論遭遇什麼逆境困難、其心不被其困、一切苦難逆境當處不動心思而當相展示之受之，以為其私業之現行不平即逆天的心態安之、此處亦才有宗教之自覺與安心立命，才能生於真我之中。

信此宗教的体驗開了心眼、大觀此宇宙自然之實相時，才可以見到其宇宙全一之代表者，毘盧遮那，即大日如來坐鎮於宇宙中心、將其宇宙內容之一事一物、恰似爾是地無盡無數，無一不是補翼全一協助生其物的眷屬，此大師說明之「眷屬猶如雨足，遮那是中央，遮那是繼，此元是我之心王也」云云。

此大如宇宙小如微塵之真我的心王大日如來，作真言宗之教主而「身遍塵刹，心等大虛」云者，又「以法界為體，以虛空為佛心」，此貫天地宇宙恰如太陽無所不遍，無論何時何處都示現種々身，以種々聲調與意趣，對種々樣々之物說種々不同之說法。此即身語意之無盡莊嚴也。是其三密活動，於色聲香味觸法之六塵世界常恒地說法。

此大師云「六塵悉文字，法身此實相也」。又「三密遍刹塵，虛空飾道場」云。而心眼所照之處，此天地自然之語動當體即法身常恒之說法也，同時亦是法爾自然之經典常體，此大师又說明之「以大山為筆，以大海為水，而書寫者即宇宙自然之經典，以天地為其容箱也」云。無論如何天地万有之姿是本来象徵不生即含於阿字之一真，以色聲香味觸法之六塵之動態當体為其內容者即法爾自然之經典也。其物苑如谷響之相應，為依見聞之人心，或說或默都無不破了人之迷惑者也。

其「無音，無臭，常恒的天地是在翻操不書之經」，此宇宙自然之動態當体即法爾自然之經典故，人若開了心眼來対此天地自然時，就當處聞到法身之說法，能夠讀着宇宙自然之經典。又蘇東坡云「溪聲廣長舌，山色無非清淨身，夜來八万四千偈，他日対人何舉示」云者，亦不過漏洩消息而已。

一著此書之天地自然經典謂之法爾常恒之經本、開了心眼得讀此書之者、為傳此其神秘妙趣、才以世間之普通文字將來種々加工考案、為令得理解把見而書寫記述者、即現在世間所流傳之「大日經」或「金剛頂經」等之秘密經典、此為流布經典云、亦為分流之經本也。

此於其「大日經」云「等正覺之一切智者、一切之見者、出現時、從其法性以種々道與種々施作、隨種々所有眾生之樂欲、以種々語與種々文字與種々隨方言語與種々母音之中去加持令得了解說此真言道」云。

開此心眼讀得此法爾自然之經本體如實而讀之的智者、一切的見者出現此世時、即將其法性的法爾自然之實相、令得當相而得了解理會把見、活用了種々之音聲文字、令能宣說者即是此真言道也、真言密教者也。

為令此旨趣的明瞭、大師即著了「声字実相」一卷、以特种之音声文字、来得此法身自然之実相無誤地以実相來表示、示其自創之真言宗真相。

即由此可知、如來之說法以需依音声文字、而其声字之存在意義是在所處而言、即在於見聞觸知之六塵世界與以如実地說明之處。其之六塵世界之真相是如何闡顯、此乃法身佛的生命体之法身仏之身語意的三方面之神秘活動、即三密之動態也。如実了解理會此者即佛也。对此迷者即衆生也。其衆生痴暗而不能自己悟此実相故、已經覺知之如來即用種々方便去加工夫示其原趣之道。

但由此為其使用之声字中、自有真妄之別、即所謂現今未得開心眼的地獄、餓鬼、畜生、修羅、人、天、声聞、緣覺、菩薩之九界，以用之声字是以對立為本的假設者，不得真接示其諸法自然之實相實體故屬妄，只有開了心眼之佛才能使用實相實體來表示其真實故，以此真實語，法爾自然之實相，現有之實體來示者即真言密教也。

其真言密教成為基本而以其佛之真實語書寫者，即所謂之「大日經」及「金剛頂經」也。而其等依此等之經典所提撕而開心眼者即將其耳證之非去讀諸法自然之經典不可也。

真言宗有關之經典很多，請學者自尋究研，此處不及簡介特此示曉。

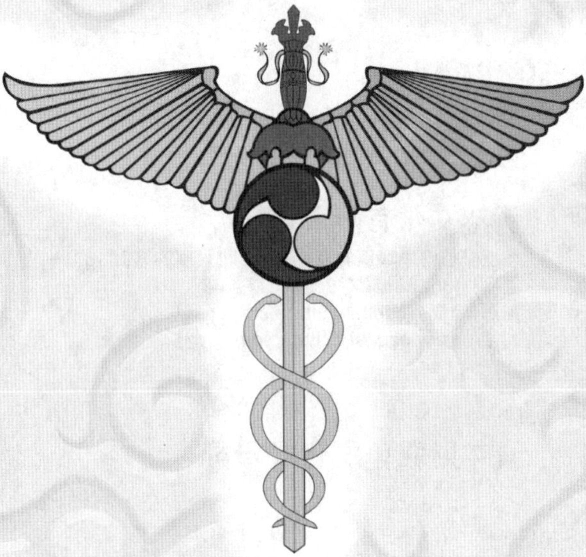

真言宗讀本 教義篇

作者
大僧正
哲學博士 釋悟光上師

編輯
玄覺

美術統籌及設計
莫道文

出版者
資本文化有限公司
地址：香港中環康樂廣場1號怡和大廈24樓2418室
電話：(852) 28507799
電郵：info@capital-culture.com
網址：www.capital-culture.com

承印者
資本財經印刷有限公司

出版日期
二〇一七年六月第一次印刷

版權所有　不准翻印
All rights reserved.
Copyright ©2017 Capital Culture Limited
ISBN 978-988-77263-9-5
Published in Hong Kong